LA DONNÉTISATION

DES HAUTS & DÉBATS
Communication / Cultures / Médias et TIC / Société
dirigée par Pascal Lardellier,
Professeur à l'Université de Bourgogne (Dijon),
Directeur éditorial et scientifique, Groupe IGS, Paris

Cette collection accueille des essais consacrés à des sujets de société et à des thèmes d'actualité faisant débat. Les ouvrages publiés par la collection sont écrits d'une plume engagée mais toujours argumentée.

Il s'agit de pourvoir la communauté académique et la société civile en éléments de réflexion exigeants sur des sujets faisant débat et parfois polémique, pour poser un regard critique et rigoureux sur un monde en métamorphose.

Les institutions, les médias, les TIC, la culture et les grands systèmes idéologiques sont passés au crible des titres de « Des Hauts et Débats ».

Pour toute information : pascal.lardellier@u-bourgogne.fr

Dernières parutions

Samuel Mayol, *Fraternités fracturées. Récit d'un voyage à Jérusalem entre violences et espoirs*, 2024.
Anne-Hélène Le Cornec Ubertini, *Emprises idéologiques à l'université, Communication de France Universités*, 2024.
sur la laïcité à l'université
Pierre Stoïa, *Nouvelles générations : les albatros. Notre siècle sera inclusif ou ne sera pas*, 2023.
Adrian N. Mihalache, *À travers les métavers. Ombres portées et traces imprimées*, 2023.
Éric Enrègle, *L'automobile et les formes de la pensée écologique. Symbolique des objets techniques à l'ère de l'écologie*, 2023.
Daniel Moatti et Yves Enrègle, *La foi ou la loi ? Racines religieuses et origines sacrées de la laïcité française*, 2022.
Carmen Andrei, *Réflexions sur l'identité, la culture et la littérature belges*, 2022.
Alain Kiyindou, Etienne Damome et Noble Akam (dir.), *Intelligence artificielle*, 2022.

Clarence Tocchio

LA DONNÉTISATION

OU LE VOL DE NOTRE IDENTITÉ

L'Harmattan

5-7, rue de l'Ecole-Polytechnique, 75005 Paris
http://www.editions-harmattan.fr
ISBN : 978-2-336-49420-3
EAN : 9782336494203

Cet ouvrage est le fruit d'un travail de recherche rigoureux, basé sur la compilation de diverses théories, thèses, et études publiées. Bien que tous les efforts aient été faits pour garantir la conformité aux règles de citation et de droit d'auteur, il est possible que certaines idées ou formulations puissent apparaître comme similaires à des travaux existants de manière non intentionnelle. Toute ressemblance avec des œuvres publiées antérieurement est fortuite et non délibérée. Si une telle situation venait à être signalée, l'auteur s'engage à prendre les mesures correctives nécessaires, telles que la citation appropriée des sources, la modification de la suppression des éléments concernés, conformément aux lois sur le droit d'auteur et la propriété intellectuelle.

À tous ceux qui disent qu'ils n'ont « rien à cacher »
mais qui ferment les portes pour préserver leur intimité.

DÉFINITION

Donnétisation, n.f.

1. Fait pour toute personne ou entité, de monétiser des données, majoritairement personnelles, dans le but d'en tirer profit pour son propre intérêt ou celui d'un tiers.

2. Base d'un nouveau modèle économique qui tire profit du comportement numérique des utilisateurs en collectant puis en monétisant toutes les données qu'ils produisent ;

3. Logique économique selon laquelle l'utilisation « gratuite » de produits et services est en réalité financée par l'opaque monétisation des données produites par les utilisateurs ;

4. Changement de paradigme selon lequel la vie privée de l'être humain est désormais devenue une source de revenus permettant la croissance de nombreuses entreprises.

PRÉFACE

Gilles Rouvier

Associé fondateur du cabinet Lawways et président de Cyberlex

« Luttez pour reprendre le contrôle de vos données personnelles et de votre vie privée ! Vos émotions seront toujours plus importantes que l'illusion du tout numérique ».

Nos vies sont devenues inextricablement liées aux technologies modernes. Les réseaux sociaux, les plateformes de commerce en ligne, les moteurs de recherche et une multitude d'applications organisent désormais notre quotidien. Derrière cette façade de commodités et d'innovations se cachent la collecte massive et l'exploitation de nos données personnelles.

Des smartphones aux appareils connectés, en passant par les réseaux sociaux et les services de messagerie, chaque interaction numérique est une opportunité pour la collecte de données.

Ces technologies, bien qu'initialement conçues pour améliorer notre quotidien, se sont transformées en outils de surveillance et de monétisation de nos informations personnelles.

Les géants du numérique ont construit des empires financiers sur la base de nos données personnelles, générant des revenus astronomiques grâce à la publicité ciblée et aux services personnalisés.

Cessons d'être naïfs, et rappelons-nous la formule « si c'est gratuit, c'est que c'est toi le produit » !

Nous devons réfléchir aux valeurs que nous voulons défendre dans ce nouvel écosystème. Nous avons le pouvoir de choisir des pratiques plus respectueuses de notre vie privée et de soutenir les initiatives qui privilégient notre bien-être sur les profits des entreprises.

La Donnétisation est un ouvrage essentiel pour comprendre les enjeux complexes de notre ère numérique avec une exploration profonde de l'économie des données, de ses implications et des moyens de reconquérir notre autonomie.

Clarence nous offre une analyse lucide et engagée, qui éveille notre conscience et nous incite à agir.

Ce livre est un appel à la vigilance et à la responsabilité. Il nous rappelle que dans un monde où l'information est le pouvoir, l'enjeu de la maîtrise de nos données personnelles est crucial pour préserver nos libertés fondamentales à l'ère de l'information.

INTRODUCTION

Il est 6h50, l'alarme retentit. Jean ne se réveille pas. Il sait qu'il a encore dix minutes devant lui et appuie sur *snooze*. Le choix de sa sonnerie « radar » indique qu'il a besoin d'une alarme puissante et intrusive pour se réveiller. Son réveil sonne à nouveau à 6h55 puis à 7h00, heure à laquelle il décide de se réveiller. Il n'a même pas encore ouvert les yeux, que son premier réflexe est d'attraper son téléphone pour y faire le tour de ses applications, telle une personne boulimique. Instagram, TikTok, Snapchat, What's App, toutes y passent. Comme si, en six heures de sommeil, il avait manqué l'impensable et devait combler un vide.

Craignant de ne pas être informé des derniers changements du trafic parisien, Jean ouvre toujours l'application Google Maps avant de quitter son domicile pour lancer le trajet jusqu'à son lieu de travail. Lieu qu'il a soigneusement prédéfini dans les paramètres de l'application pour gagner du temps lorsqu'il souhaite s'y rendre. Pour son déjeuner, il commande comme à son habitude sur Uber Eats et choisit parmi les recommandations du jour. 13h24, notification *BeReal*. Jean prend alors instantanément un selfie et une photo de ce qu'il est en train de faire pour le partager à ses amis. Se sentant vraiment fatigué ces dernières semaines, il décide de prendre un rendez-vous sur Doctolib chez le premier médecin traitant disponible le lendemain et lui transmet au préalable, une copie de ses dernières analyses de sang.

Durant sa journée, il ne se passe pas trente minutes sans que son téléphone soit inactif. Il lui arrive fréquemment de *scroller* Instagram ou TikTok et de regarder les stories des personnes qu'il suit. On peut d'ailleurs relever qu'il est particulièrement attentif aux stories de Claire puisqu'il passe de longues minutes sur chacune de ses vidéos et a même tendance à les *replay* plusieurs fois d'affilée.

Lorsqu'il quitte son travail, Jean consulte quotidiennement les actualités via des journaux en ligne très politisés tels que *Le Canard enchaîné* ou *Charlie Hebdo*, laissant ainsi transparaître, son faible penchant pour la politique de gauche. Une fois rentré, il s'affale sur son canapé et passe plus d'une heure à regarder les courtes vidéos recommandées par TikTok dans la partie « pour toi ». L'algorithme ayant ciblé ses centres d'intérêt, dès la première heure de téléchargement, lui propose ainsi du contenu autour des voitures de Formule 1, du paddle, des festivals techno et des discours prononcés par Jean-Luc Mélanchon.

Plus tard dans la soirée, Jean étant fraichement célibataire, du moins on peut le déduire au regard de son profil Instagram puisqu'il a supprimé toutes les photos avec Léa avec qui il était en couple depuis plus de trois ans et les deux anciens amoureux ne se suivent plus sur aucun des réseaux sociaux. Jean ouvre Tinder. En fonction des préférences qu'il a prédéfinies en créant son profil : femme, brune, entre 20 et 25 ans, sportive, à moins de 20km de lui, il *swipe* machinalement de gauche à droite jusqu'à ce que l'application lui rappelle qu'il n'a pas la version premium et ne pourra plus effectuer de *matchs* pour aujourd'hui. Il lance alors Netflix et se laisse guider par les recommandations de la plateforme pour le choix du film qu'il regardera ce soir. Il est 00h16, Jean s'endort.

Cette énumération de données partagées par Jean au cours d'une journée est seulement le « sommet de l'iceberg », car nous avons encore plus d'informations. Nous possédons toutes les informations relatives à sa santé : combien de fois il se brosse les dents (application HabitMinder), comment il gère son diabète (application One Drop), sa fréquence cardiaque (Apple Watch), son état de conscience (application Calm), le nombre de calories qu'il mange par jour (application Calorie counter) ou encore son activité physique (application Strava). Nous détenons également toutes les conversations ou commentaires que Jean a pu échanger ou publier sur Facebook depuis la création de ses comptes, y compris ceux qui ont été supprimés.

Ainsi, Jean n'a pas besoin d'être branché sous monitoring, nous avons toutes ses informations gratuitement et nous construisons notre modèle économique sur l'exploitation des données qu'il partage constamment.

Vous pensiez encore avoir une vie privée ?

Cette énumération d'informations sur le personnage fictif de Jean vous montre ainsi une ébauche de toutes les données que vous partagez au quotidien et qui font de la donnée : le nouvel outil capitalistique des *GAFAM*. Sur une journée de vingt-quatre heures, Jean en a passé sept sur son téléphone et en a dormi six. Alors, sans compter le temps qu'il a passé sur son ordinateur ou à regarder la télévision, cela revient à une demi-journée commercialisable pour ces entreprises qui dévorent votre vie privée.

Aujourd'hui, nous passons notre temps à renseigner notre nom, prénom, adresse email, numéro de téléphone, informations financières ou encore numéro de sécurité sociale. Tout cela en pensant que ces données se perdront dans le flux des informations chiffrées qui inondent Internet. Cependant, si la bureaucratie permettait de fondre ces informations dans un amas de papiers, malheureusement les informations qui tendaient à être détruites, restent éternellement jeunes et sont mises en lumière au premier plan de l'identité numérique de chaque personne. Désormais, il n'y a quasiment aucune application innocente. Si elle ne vous traque pas aujourd'hui, elle le fera demain. Même les applications comme la météo ou les lampes de poche sont « infestées » par des dizaines de programmes de tracking pour réaliser du ciblage publicitaire. Vos données vous trahissent et le changement d'une simple ligne de code peut littéralement changer la vie de milliards de personnes.

Alors s'il fût un temps où vous exploriez grâce à Google, maintenant c'est vous que Google explore.

Assoiffés de vie privée, les géants du numérique, les administrations publiques ou encore les services de renseignement, s'approprient des éléments qui façonnent notre identité. On assiste à une nouvelle forme croissante d'exposition qui se nourrit de nos penchants et de nos passions, de l'amour et du désir, mais aussi de l'anxiété et du temps que nous passons sur ces applications. On se dit, et certains le croient sincèrement, qu'on n'a rien à cacher. Que la transparence présente plus d'avantages que d'inconvénients et que nos informations iront se perdre dans le flux de données. Mais pour la majorité, cette attitude témoigne d'une ignorance. Une ignorance selon laquelle la balance bénéfices / risques est déséquilibrée depuis l'introduction du digital dans nos vies.

L'ère du numérique a donné naissance à une nouvelle forme de valeur, celle où les utilisateurs participent eux-mêmes au processus de travail et contribuent au résultat net des entreprises.

Ces géants n'ont pas seulement bouleversé les mentalités et les lois du travail, ils ont modifié l'économie de nombreux pays dans une course au profit qui bafoue sans foi ni loi les droits et libertés fondamentales. Encore plus quand on sait que désormais pour protéger sa vie privée on doit payer 12,99 euros par mois, soit 156 euros par an, pour ne pas recevoir de publicité ciblée et bénéficier d'une meilleure protection sur Instagram et Facebook[1].

Vos moindres mouvements numériques sont épiés, collectés, et conservés. Les pages que vous visitez, vos dates, heures de connexion et les cookies collectés sont des données qui « prises dans leur ensemble, sont susceptibles de permettre de tirer des conclusions très précises concernant la vie privée des personnes »[2]. Désormais, comme le précisait le dirigeant de Google, « nous savons qui vous êtes, nous savons qui vous avez été, nous pouvons plus ou moins savoir ce à quoi vous pensez »[3]. Il n'y a donc plus de casier judiciaire mais un casier Google.

Nos identités et nos comportements sont devenus de simples marchandises sur le juteux marché des données et les réseaux sociaux revêtent désormais une dimension stratégique dans la tentative de conquête du pouvoir. L'accès à ce niveau d'informations est d'autant plus critiquable lorsque l'on sait que la sécurité mise en

---

[1] Modèle introduit en Europe en novembre 2023 et actuellement sous le feu des projecteurs avec l'adoption du Digital Markets Act 2022/1925 ('DMA'). L'European Data Protection Board ('EDPB') avait déjà rendu un avis en avril 2024 indiquant que ce modèle ne remplit pas les exigences d'un consentement valide au regard du Règlement Général sur la Protection des Données ('RGPD'), accessible sur : < https://www.edpb.europa.eu/our-work-tools/our-documents/opinion-board-art-64/opinion-082024-valid-consent-context-consent-or_en>

[2] Aff. Digital Rights c. Irelande, n°293/12, Cour eur. D.H., 2014.

[3] D. THOMPSON, "*The laws are written by lobbyists*", The Atlantic, 1er octobre 2010, accessible sur : <http://www.theatlantic.com/technology/archive/2010/10/googles-ceo-the-laws-are-written-by-lobbyists/63908/>.

œuvre par ces systèmes n'est pas toujours adéquate et qu'il est aujourd'hui plus simple de dérober des données pour les revendre que de braquer une banque.

Ainsi, je vous souhaite après la lecture de cet ouvrage d'avoir des choses à cacher, car vos données révèlent tout de vous, permettant ainsi à des tiers de vous contrôler et à défaut de singularité, une machine pourrait vous remplacer.

Ceci dit, il est important de vous rappeler que :

- Les algorithmes qui collectent les données sont avant tout créés par des êtres humains comme vous et moi ;
- Nous nous sommes retrouvés dans cette situation volontairement en souscrivant joyeusement et pleinement à ces conditions.

PREMIÈRE PARTIE :
L'OMNIPRÉSENCE DE LA DONNÉTISATION

1. Retour en arrière

L'impact de l'intelligence artificielle sur la vie privée

Contrairement à ce que vous pouvez croire, l'intelligence artificielle n'est pas un concept récent. C'est lors d'une conférence organisée par Marvin Minsky et John McCarthy au Dartmouth College en 1956 que l'expression « intelligence artificielle » prit racine. Bien que cette notion soit très large et susceptible d'interprétations différentes, elle englobe principalement « l'ensemble des théories et des techniques mises en œuvre en vue de réaliser des machines capables de simuler l'intelligence humaine »[1].

Son implémentation se réalisa de façon successive, dès 1980, la grande industrie fut impactée. Ce nouveau mode de fonctionnement introduisit l'arrivée des machines-outils automatisées capables d'assurer différentes actions répétitives et se substituant peu à peu aux ouvriers. On assista alors à une numérisation progressive[2], basée sur la pose de capteurs sur la quasi-totalité des maillons de la chaîne industrielle, allant des unités de conception à celles de la production et de la logistique.

Cependant, ce n'est véritablement qu'en 1997, lors d'un coup de communication par IBM, avec la victoire de l'ordinateur Deep Blue contre Garry Kasparov, alors champion du monde d'échecs, que l'intelligence artificielle fit son apparition aux yeux du grand public.

Au fil des années, aussi bien l'intelligence artificielle qu'Internet, ont acquis une importance croissante dans la vie des utilisateurs. L'Internet des années 1990 était initialement considéré comme un moyen d'accéder à la connaissance, perçu comme un univers distinct du monde réel mais cette vision fut remise en cause avec l'introduction de l'iMac et l'émergence des messageries instantanées.

---

[1] Définition Larousse, accessible via :
<https://www.larousse.fr/encyclopedie/divers/intelligence_artificielle/187257>.

[2] « *Data driven manufacture* ».

Cependant, c'est avec l'arrivée de Google et de son célèbre moteur de recherche, qu'apparaîtra « la promesse du capitalisme de l'information présenté comme une force sociale démocratique et libératrice »[1], et que naîtront réellement les questions relatives aux transferts données personnelles[2] et à la protection de la vie privée.

Désormais, les systèmes d'intelligence artificielle ne peuvent voir leur capacité augmenter que par une fourniture exponentielle de données, nos données (personnelles), qui contribuent à entraîner ces modèles.

À juste titre, de nombreuses instances[3] ont alerté de l'impact de l'intelligence artificielle sur les droits fondamentaux, et notamment le respect de la vie privée et la protection des données.

Toutefois, il apparaît nécessaire de comprendre en premier lieu ce qu'est une donnée personnelle.

L'émergence des données personnelles

Décembre 1973, de « faux plombiers » se font surprendre au *Canard enchaîné* en installant des micros pour identifier les personnes communiquant des informations sensibles. De ce scandale, dénommé le Watergate, le projet SAFARI initié par le Ministère de l'Intérieur est révélé au grand public et découle sur la rédaction en 1978 de la loi dite « *Informatique et Libertés* »[4]. Cette première loi, toujours en vigueur, a pour volonté d'externaliser le pouvoir de contrôle de l'administration et de créer une autorité administrative indépendante (la *Commission nationale de l'informatique et des*

---

[1] S. ZUBOFF, « *L'Âge Du Capitalisme de Surveillance* », Zulma, 2020, p.100.

[2] Le transfert des données personnelles est le risque de voir nos données personnelles, transmises, conservées, utilisées par des sociétés, des États qui sont hors de l'Union européenne et qui ne sont pas soumis aux règles européennes de protection des données personnelles.

[3] Voir notes : Agence des droits fondamentaux de l'UE, *« Getting the future right : Artificial intelligence and fundamental rights* », 14 décembre 2020 ; UNESCO, *Recommandation sur l'éthique de l'intelligence artificielle*, novembre 2021 ; CAHAI, « *Étude de faisabilité* », 17 décembre 2020 ; OCDE, *Recommandation du Conseil sur l'intelligence artificielle*, 22 mai 2019.

[4] Loi n° 78-17 du 6 janvier 1978 relative à l'informatique, aux fichiers et aux libertés.

libertés, 'CNIL') chargée de veiller au respect de la vie privée, des libertés individuelles et des libertés publiques.

Dans ce même objectif, la Convention 108[1] représente le premier instrument international ayant pour objet la protection des personnes contre l'usage abusif du traitement automatisé[2] de leurs données à caractère personnel. Cette volonté d'encadrement deviendra telle que l'article 8 de la Charte des droits fondamentaux établit le principe selon lequel « *toute personne a droit à la protection des données personnelles la concernant* ».

Cependant, ces réglementations successives n'étant que peu contraignantes, l'Union européenne souhaita réagir avec l'entrée en vigueur en 2016 du Règlement général sur la protection des données (RGPD) ayant pour objectif de redonner aux citoyens le contrôle de leurs données personnelles tout en simplifiant l'environnement réglementaire des entreprises.

Ce nouvel encadrement sera alors considéré comme le moyen privilégié par l'Union européenne (UE) de contrecarrer l'influence des plateformes américaines, en traitant les citoyens de l'UE comme des « personnes concernées », dans la mesure où elles génèrent des données personnellement identifiables. Désormais, le consentement est considéré comme la base légale la plus importante au traitement de nos données et la CNIL devient compétente pour assurer une mission d'accompagnement, avec pour objectif, d'assurer l'effectivité du RGPD.

Ce règlement pose également les bases définitionnelles de certaines notions clés et précise en son article 4 qu'une donnée à caractère personnel est généralement entendue comme « toute information se rapportant à une personne physique identifiée ou identifiable ». Il est important de préciser qu'une personne physique identifiée ou identifiable est « une personne physique qui peut être identifiée, directement ou indirectement, notamment par référence à un

---

[1] Ouverte à la signature le 28 janvier 1981, ratifiée en 1983 par la France. Création d'un protocole d'amendement (dit Convention 108+) à nouveau ratifiée par la France le 27 mars 2023.

[2] « *Opérations (...) effectuées en totalité ou en partie à l'aide de procédés automatisés* », Article 2, Convention 108.

identifiant, tel qu'un nom, un numéro d'identification, des données de localisation, un identifiant en ligne, ou à un ou plusieurs éléments spécifiques propres à son identité physique, physiologique, génétique, psychique, économique, culturelle ou sociale ».

Une personne peut alors produire deux types de données à caractère personnel : les données à caractère personnel directes (photographie, nom de famille, prénom) et les données à caractère personnel indirectes (numéro client, numéro de téléphone, adresse IP).

De plus, la lourdeur des sanctions, tant administratives (amende jusqu'à 4% du chiffre d'affaires mondial ou 20 millions d'euros), que pénales (jusqu'à 5 ans d'emprisonnement et 300 000 euros d'amende), en cas de violation du règlement, illustrent la volonté d'établir un cadre de régulation très strict et l'importance d'une telle protection.

Cependant, bien que l'Europe ait placé la protection des données au sommet des droits fondamentaux, la plupart des utilisateurs continuent d'autoriser les cookies et de cliquer sur « j'accepte » pour « gagner du temps », sans réellement comprendre ce que cela implique. Or, nos données personnelles sont une composante du droit à la vie privée et il est important de « continuer sans accepter ».

L'intime relation entre la vie privée et les données personnelles

Les données personnelles trouvent leurs racines dans la notion même de vie privée, car elles disent qui nous sommes et dévoilent de nombreux détails extrêmement précis.

Le concept juridique de « vie privée » a suscité bien des débats quant à sa définition,[1] car « la vie privée se sent plus qu'elle se définit »[2]. Le Robert, dictionnaire historique de la langue française, la définit aujourd'hui comme les « aspects de la vie d'une personne,

[1] Voir la réflexion de S. GUTWIRTH, « *Privacyvrijheid ! De vrijheid om zichzelf te zijn* », Rathenau Institue, Werkdocument, n°64, La Haye, juin 1998, p. 51-58, qui estime que la « liberté d'être soi » ne peut être définie en une liste close de droits subjectifs.
[2] J. VELU, *Convention Européenne des droits de l'homme*, Bruylant, 1990.

qui ne sont pas rendus publics ». Sa protection prend racine dans des textes internationaux comme l'article 12 de la Déclaration universelle des Droits de l'Homme de 1948[1], et l'article 8 de la Convention Européenne des Droits de l'Homme de 1950 qui affirme que toutes personnes à « droit au respect de la vie privée et familiale ». De ce fait, le « droit à la vie privée » apparaît comme un droit doublement « fondamental » représentant à la fois la garantie de l'épanouissement personnel et l'exercice de l'ensemble des autres libertés et droits fondamentaux[2]. Progressivement, une approche plus extensive de la notion s'est développée, avec la possibilité pour chaque individu de nouer des relations sociales, incluant également tout ce qui semble essentiel au développement de sa personnalité. Les juges ont alors greffé à cette notion le droit à l'intégrité physique[3], morale[4] ou encore la protection de la santé[5].

Dès lors, ce que la vie privée entend défendre c'est : la construction d'une personnalité agissant dans la vie sociale.

Dans cette perspective, la Cour constitutionnelle allemande[6] comme la Cour européenne des Droits l'Homme ont considéré la protection des données personnelles comme une composante du droit à la vie privée[7]. On note d'ailleurs que les juges de Luxembourg invoquent toujours de manière cumulée les articles 7 (respect de la vie privée et familiale) et 8 (protection des données à caractère personnel) de

---

1 « *Nul ne sera l'objet d'immixtions arbitraires dans s vie privée, sa famille, son domicile ou sa correspondance, ni d'atteintes à son honneur et à sa réputation. Toute personne a droit à la protection de la loi contre de telles immixtions ou de telles atteintes* ».

2 H. BURKERT, "*Dualities of privacy – An introduction to personal data protection and fundamental rights*", dans M.V. PEREZ, P. PALAZZI et Y. POULLET, "*Data Protection – Emerging Issues*", Cahiers du CRID, n°31, Bruxelles, Bruylant, 2008.

3 Aff. M.C. c. Bulgarie, n°39272, Cour eur. D.H., 2003 (à propos de l'absence de loi assurant une protection effective contre la violence).

4 Aff. Goodwin c. Royaume-Uni, n°28957/95, Cour eur. D.H., 2002.

5 Aff. Bensaïd c. Royaume-Uni, n°44599/98, Cour eur. D.H., 2001 ; Aff. Glass c. Royaume-Uni, n°61827/00, Cour eur. D.H., 2004.

6 THE JOHNS HOPKINS UNIVERSITY PRESSE, « *Human Rights Law Journal* », vol.6, n°1, février 1984, p.94.

7 Aff. S et Marper c. Royaume-Uni, n°30562/04, Cour eur. D.H. 2008.

la Charte des Droits fondamentaux de l'Union européenne, montrant combien les dispositions doivent se lire ensemble[1].

Ainsi, le rattachement du régime de la protection des données à caractère personnel à la protection de la vie privée illustre parfaitement son caractère évolutif et la nature changeante des risques encourus par le développement de nos personnalités dans une société guidée par la donnétisation.

Cependant, rien ne doit être pris pour acquis, car, bien que ces deux dispositions puissent se comprendre de manière cumulative, elles subissent, autant l'une que l'autre, de nombreuses mises à mal.

Maintenant que vous avez les bases, passons au concret

Picard illustrait déjà l'importance de la protection de la vie privée face au numérique en recommandant de ne pas rendre publiques « (...) vos caractéristiques affectives, il y a d'excellentes raisons pour cela (...) avoir envie d'exhiber votre bonne humeur à vos amis, c'est une chose (...) mais vous n'avez certainement pas envie de la voir harponnée par une armée de commerciaux avides d'exploiter les habitudes d'achat motivées par l'humeur ou par des publicitaires désireux de vous convaincre que vous vous sentiriez mieux si vous testiez leur dernier soda séance tenante »[2].

Aujourd'hui, les technologies prennent une place considérable dans nos vies, 95% des Américains de 13 à 17 ans disent utiliser un réseau social[3] et un Français passe 32 heures par semaine devant un écran, soit 20% de son temps hebdomadaire et presque un tiers de son temps éveillé[4].

---

[1] Aff. Digital Rights c. Irelande, n°293/12, Cour eur. D.H., 2014 : La Cour de justice de Luxembourg estime que l'article 8 doit s'interpréter en fonction de l'article 7 de la Charte.

[2] R. PICARD, "*Affective Computing : 1st (First) Edition*", MIT Press, 2000, p.136-137.

[3] E.VOGELS, R. GELLES-WATNICK, N. MASSARAT, « *Teens, Social Media and Technology 2022* », Pew Research Center, 10 août 2023.

[4] Baromètre du numérique 2022.

Désormais, nos moindres actions se transforment en un processus informatique : dormir peut être numérisé grâce à Sleepie qui mesure nos cycles de sommeil ; marcher engendre une rémunération avec Weward qui vous finance en utilisant et revendant vos données de localisation, et manger est une activité numérique avec Yuka qui vous indique si les produits que vous consommez sont bons ou mauvais pour votre santé.

Nos comportements sont entièrement transformés en données par les plateformes et notre vie est devenue l'instrument de production de leur richesse, « ce n'est plus l'utilisateur qui va chercher le contenu, mais le contenu qui va chercher l'utilisateur »[1]. Cette phrase s'illustre grâce à la monétisation de nos données par des courtiers en données à des entreprises tierces, plus connus sous le nom de *data brokers*, qui est un réel marché noir sur lequel nous n'avons pas la main mise.

La vie privée apparaît dès lors comme un concept archaïque, car les géants du numérique savent tout de nous, numéro de téléphone, date de naissance, adresse, numéro de carte bancaire, orientations politiques, nos envies et bientôt nos rêves[2].

2. ÉTAT DES LIEUX

Le capitalisme de surveillance

À la suite des attaques terroristes de 2001, une convergence de circonstances politiques et stratégies proactives a aidé à enrichir et banaliser la croissance de la surveillance.

Dans ce contexte, Shoshana Zuboff, économiste américaine et professeure émérite à la Harvard Business School, a théorisé le capitalisme de surveillance qui « revendique unilatéralement l'expérience humaine comme matière première gratuite destinée à être

---

[1] Propos de Eric Garandeau, directeur de TikTok France lors du #Kif2021.
[2] Partagez vos rêves sur : https://reveurdream.com/fr/.

traduite en données comportementales »[1]. Ce concept illustre parfaitement les ambitions de Larry Page, co-fondateur de Google, lorsqu'il précise que : « notre ambition ultime est de transformer l'expérience globale de Google en la rendant magnifiquement simple, presque automagique parce que nous comprenons ce que vous voulez et que nous pouvons le fournir sur-le-champ»[2].

Internet est devenu une mine de données personnelles infinies, créant du surplus comportemental[3] que s'approprie la plateforme sur laquelle vous interagissez et qui alimente les systèmes d'intelligence artificielle pour être transformée en produits de prédiction.

Lors du lancement de Gmail en 2004, l'entreprise a imposé en échange de ce service gratuit, l'exploitation des correspondances privées des utilisateurs pour générer de la publicité. Les utilisateurs de ce service ont alors tout naturellement accepté de donner à Google l'accès à tous leurs e-mails et pièces jointes afin que l'entreprise les scanne pour adresser des publicités ciblées et constituer des dossiers précis sur toute personne qui passerait par son système de messagerie. De ce fait, dès que son système de fonctionnement a été rendu « public », les entreprises concurrentes ont voulu rivaliser et devenir, à leur tour, des réseaux omniprésents pour obtenir le maximum de surplus comportemental.

Les acteurs centraux sont donc en quête perpétuelle de nouvelles technologies d'extraction et d'analyse de données afin d'augmenter leurs profits, car ils ont l'impératif d'extraction comme mot d'ordre. Dans cette perspective, les GAFAM dépensent des sommes extravagantes pour racheter le plus d'entreprises. Google a racheté YouTube et lancé Google Street View avec pour ambition que : « tout dans le monde doit être connu et restitué par Google, rendu accessible par Google et indexé par Google », à noter que l'entreprise est aussi propriétaire de Waze, application très fortement

---

[1] S. ZUBOFF, "*L'âge du capitalisme de surveillance*", Éditions Zulma, 2020.

[2] Supra.

[3] « Accès à l'ensemble des informations de navigation et l'analyse des interactions numériques des individus permettant de dévoiler le sens caché de nos interactions numériques et préférences individuelles en tant qu'internaute » - J. MARKOFF, « *Taking Spying to Higher Level, Agencies Look For More Ways to Mine Data* », *New York Times*, 25 février 2006.

utilisée par les automobilistes. Facebook a créé Beacon et permet à ses annonceurs de suivre les utilisateurs sur internet en divulguant leurs achats à leurs réseaux personnels sans autorisation. Un système qui fut d'ailleurs mis en place au détriment de nombreux utilisateurs comme Jonathan Trenn, qui avait acheté une bague de fiançailles sur un site internet et qui a vu son achat diffusé sur son réseau Facebook avec une notification à tous ses amis, sans son consentement[1]. À son tour, Netflix a offert 1 million de dollars à celui qui pourrait améliorer de 10% Cinematch, son algorithme de recommandation[2].

Se livre ainsi une guerre sans merci entre entreprises[3] qui se délectent de la vie privée de leurs utilisateurs. Plus elles ont de données, mieux elles peuvent vous cerner. Google a d'ailleurs explicitement dit que puisque ces annonces rapportent de l'argent, ils exploiteraient la situation[4].

La donnée : nouvelle monnaie du 21e siècle

Durant l'année 2010, il y a eu une discrète métamorphose de nos rapports aux technologies numériques. Leur généralisation nous a conduits à des « élans compulsifs d'expressivité et à des formes d'exhibitionnisme, provoquant une source d'autant plus fiable et attractive pour les entreprises, car les utilisateurs, ne sachant pas qu'ils sont surveillés, agissent plus naturellement »[5].

---

[1] C. LI, "*Close Encounter with Facebook Beacon*", Forrester, November 23, 2007.

[2] X. AMATRIAN, J. BASILICO, *"Netflix Recommendations : Beyond the 5 stars (Part 1)*", blog Netflix Tech, April 6, 2012, accessible sur : <http://techblog.netflix.com/2010/04/netflix-recommendations-beyond-5-stars.html>.

[3] À ce propos, Google fournit également nos historiques de recherche à la NSA. Voir : J. BAMFORD, "*The NSA is building the country's biggest spy center (Watch what you say)*", Wired, 15 mars 2012, accessible sur : <https://www.wired.com/2012/03/ff-nsadatacenter/>.

[4] S. LEVY, "*In the Plex : How Google Thinks, Works, and Shapes Our Lives*", Simon & Schuster, 2011, p172-173.

[5] C. VÉLIZ, "*Privacy Is Power : Why and how you should take back control of your data*", Melville House, 2021.

Trois affaires, peu connues du grand public, illustrent parfaitement cette métamorphose.

Premièrement, l'affaire « Spy-Fi ». En 2010, la Commission fédérale allemande pour la protection des données annonça que l'opération Google Street View[1], qui comptabilisait plus de 5 millions de miles parcourus, camouflait en réalité une analyse dissimulée des données : les voitures de Street View collectaient secrètement des données personnelles depuis des réseaux WI-FI privés. L'entreprise fût alors forcée d'avouer qu'elle avait intercepté et stocké plus de 600 milliards d'octets de données personnelles[2] prélevées sur les transmissions WI-FI non cryptées incluant des noms ; numéros de téléphone ; informations bancaires ; mots de passe ; messages ; e-mails ; comportements de navigation ; informations médicales ; données de géolocalisation, etc. Tout cela sans que personne ne s'en aperçoive, puisqu'à l'inverse d'un cambriolage classique, les preuves sont plus difficiles à collecter.

Deuxièmement, le pouce bleu. Il était évident que l'iconique *like* de Facebook allait avoir une utilité pour son créateur. Cela ne manqua pas puisqu'un chercheur découvrit que le « J'aime » suivait également la trace des non-membres de Facebook, car le réseau est capable de surveiller « tous les utilisateurs d'internet »[3]. Face à cette révélation, Facebook annonça qu'il allait « réparer » ce problème expliquant que certains *cookies* traçaient par « erreur » les utilisateurs. Cependant, cette affirmation s'est avérée trompeuse lorsqu'un an plus tard, d'autres conclusions[4] ont été publiées, démontrant que la société continuait toujours de suivre la trace des utilisateurs même une fois qu'ils étaient déconnectés du site. Ainsi, « en niant chaque accusation et en promettant de s'engager au service du bien-être de l'utilisateur, Facebook s'assura une bonne année et demie pour habituer le monde

---

[1] Supra.

[2] "*Google to Give Governments Street View Data*", *New York Times*, 3 juin 2010, accessible via :
<https://www.nytimes.com/2010/06/04/business/global/04google.html>.

[3] A. ROOSENDAAL, « *Facebook Tracks and Traces Everyone : Like This* ! », SSRN Scholarly Paper, Rochester, NY : Social Sicence Reseach Network, 30 novembre 2010.

[4] A. MOSES, « *Facebook's Privacy Lie : aussie Exposes « tracking » as New Patent Uncovered* », The Sydney Morning Herald, 4 octobre 2011.

à son bouton « Like », institutionnalisant l'image emblématique du pouce tourné vers le ciel comme prothèse indispensable à la communication virtuelle »[1]. Ce pouce bleu représente désormais un puissant mécanisme d'approvisionnement permettant d'extraire et de transmettre continuellement du surplus comportemental grâce à l'installation des *cookies,* car cela permet « d'estimer automatiquement et avec exactitude toute une série d'attributs personnels que les gens jugeraient en général confidentiels »[2].

Ce bref récit illustre ainsi l'arrogance de Facebook, désormais Meta, et correspond parfaitement aux propos tenus par son fondateur lorsqu'il a affirmé[3] que « la protection de la vie privée n'était plus vraiment une norme sociale » et qu'« à bien des égards, Facebook ressemble davantage à un gouvernement qu'à une entreprise traditionnelle ».

Troisièmement, le scandale Pokémon GO. Lors de sa création en 2016, le jeu Pokémon GO fût un réel succès à travers le monde. Son fonctionnement prend support sur le téléphone de l'utilisateur qui filme le décor dans lequel il se trouve. L'application affiche alors en surimpression des éléments nouveaux qui modifient la réalité filmée (aussi appelée « réalité augmentée »), et quand l'utilisateur déplace sa caméra, les Pokémons ou d'autres options vont bouger avec le décor comme s'ils étaient bien réels. En cela, Pokémon Go a accompli le rêve jusqu'ici irréalisable des entreprises : utiliser le suivi de localisation pour orienter les utilisateurs dans leur consommation[4]. Des lieux sponsorisés sont alors apparus avec la création de contrats entre Niantic et McDonald ou encore Starbucks pour attirer les joueurs vers leurs points de vente au Japon. La puissance d'action du jeu Pokémon Go démontre alors l'ampleur de la donnétisation.

---

1 G. NAGESH, "*Facebook to Form Its Own PAC to Keep Privacy Promises*", Federal Trade Commission, 29 novembre 2011.

2 M. KOSINSKI, D. STILLWELL, T. GRAEPEL, « *Private Traits and Attributes Are Predictable from Digital Records of Human Behavior",* Proceedings of the national Academy of sciences of the United States of America 110, n°15, 2013.

3 B. JOHNSON, "*Privacy No Longer a Social orm, Says Facebook Founder*", Guardian, 10 janvier 2010.

4 J. CONDITT, "*The Pokémon Go Plus Bracelet Is Great for Grinding*", Engadget, 17 septembre 2016.

Aujourd'hui, la synthèse de ces exemples serait TikTok.

Adopté par plus d'un milliard d'utilisateurs connectés en moyenne 1,5 heure par jour[1], son modèle économique repose sur notre attention. Cette plateforme propose à l'infini des contenus courts et stimulants pour tester nos centres d'intérêt et chaque *swipe* libère le même shot de dopamine. L'entreprise chinoise ByteDance, propriétaire de cette application, a ainsi permis la consommation de contenus automatiques et instantanés, en réduisant le nombre de choix que les utilisateurs doivent faire. Comme l'a expliqué Léo Duff dans sa vidéo YouTube dénonçant « *Comment TikTok a ba*sé le cerveau d'une génération* », son modèle économique permet de vous imposer du contenu et comprendre qui vous êtes grâce à : l'analyse de votre localisation ; vos informations de contact, votre historique de navigation ; combien de temps vous avez regardé une vidéo avant de passer à la suivante ; vos j'aimes ; si vous avez passé du temps à lire les commentaires, etc. Ainsi, en quelques heures seulement, votre intimité est mise à mal et la plateforme identifie vos orientations politiques, sexuelles, votre sens de l'humour ou encore, l'état de votre santé mentale.

La surexposition de l'intimité

Bienvenue dans un monde ultra connecté : caméra, alarme brosses à dents, balances, capteurs de sommeil, etc. Aujourd'hui la moindre chose qui nous entoure, peut, par le biais de simples capteurs et d'une connexion internet, dévorer notre vie privée au prétexte de la faciliter.

Cette volonté d'établir un rapport fondé sur une plus grande proximité s'est développée lorsque Apple révéla son premier iPhone créant alors la naissance d'un « contact charnel » entre l'humain et la technologie de par la taille miniature de ce téléphone qui s'insère dans le creux de la main. Désormais, quantité d'aspirateurs, réfrigérateurs, fours et montres communiquent avec leur environnement en

---

[1] « *TikTok séduit 1 milliard d'utilisateurs chaque mois* », Forbes, 28 septembre 2021.

utilisant Internet[1]. Les fabricants d'aspirateurs connectés connaissent la surface de nos logements et ceux des montres, la durée de notre sommeil ou notre pression artérielle. Cela va même jusqu'à l'allaitement. « Mains libres. Étanche aux fuites. Connecté à l'application » : voici le mantra des nouvelles tireuses à lait connectées.

Cette digitalisation du monde conduit alors inévitablement à l'affaiblissement des relations humaines. Les assistants vocaux créent une relation client hyper personnalisée et ininterrompue, et l'Homme ne prend plus la peine de communiquer, car tout ce dont il a besoin se trouve à sa disposition. Nous nous tournons ainsi, bien plus facilement vers Siri, Alexa ou Google Home pour demander la météo du jour, que vers notre entourage. Ces robots sont « polyvalents et offrent une multitude de services : répondre à vos questions, raconter une histoire à vos enfants, rappeler les médicaments à prendre aux personnes âgées, (...) faciliter l'échange avec des enfants autistes, assurer la surveillance de la maison, tenir compagnie, etc. »[2]. Cependant, lorsqu'un utilisateur communique avec un assistant vocal, comme lors d'une discussion avec une personne réelle, il se peut qu'il se retrouve emporté par la conversation et aborde des sujets sensibles tels que la politique ou la religion. Et à la différence d'un être humain, un robot est capable de tout mémoriser, car son essence même est de conserver les conservations pour vous proposer un service personnalisé. Ces agents conversationnels sont d'ailleurs régulièrement accusés[3] d'écouter leurs propriétaires afin d'améliorer leur performance de reconnaissance vocale. Dès 2015, des associations de défense des consommateurs ont découvert que la Smart TV de Samsung enregistrait tout ce qui se disait à proximité

---

[1] F. MATEO, « *La mort de la vie privée - Télésurveillance et données personnelles : le nouvel or noir* », Denoel, 2022.

[2] O. GUILHEM, « Pour une robotique humanoïde responsable », Expertises, 2015, p.294.

[3] A. BRIGAUDEAU, "*Faut-il se méfier des assistants vocaux ? Trois exemples d'espionnage qui incitent à la prudence* », FranceInfo, 2018, accessible sur : <https://www.francetvinfo.fr/internet/amazon/faut-il-se-mefier-des-assistants-vocaux-trois-exemples-d-espionnage-qui-incitent-a-la-prudence_2771149.html>.

de la télévision comme un simple « passe-moi le sel » puis envoyait toutes les données à un autre leader de marché[1].

Ainsi, sans vous en rendre compte, vous confiez régulièrement des choses à des milliers de salariés de différentes sociétés qui écoutent vos conversations.

Cette omniprésence des objets connectés les amène donc à se fondre dans notre environnement et par accoutumance, les technologies font alors petit à petit partie des éléments habituels de notre quotidien auquel on ne porte plus une attention particulière, leur donnant ainsi, la possibilité de rendre la collecte de nos données personnelles quasi invisible à nos yeux[2].

Vous êtes le sujet d'une collecte invisible et permanente de vos données affaiblissant considérablement votre vie privée[3].

Une omniprésence consentie

La multitude d'objets connectés présents dans votre domicile vous surveillent sans même que vous le réalisiez.

Dans votre salle de bain, grâce à des capteurs intégrés à la cuvette des toilettes, votre urine est analysée pour savoir si vous avez assez bu ou si vous avez fumé. La balance connectée vient quant à elle vous rappeler que le fondant au chocolat d'hier soir était de trop et qu'il faut impérativement vous remettre au sport. Or, nous ne sommes pas des robots. Les écarts nous procurent du plaisir et le fondant au chocolat était surement indispensable à l'instant T. Enfin, des senseurs olfactifs vous alertent de votre mauvaise haleine et qu'un brossage de dent s'impose. Dans votre dressing, Echolook by

---

[1] A. HERN, « *Samsung Rejects Concern over « Orwellian » Privacy Policy* », Guardian, 9 février 2015.

[2] H. JACQUEMIN, A. DE STREEL, « *L'intelligence artificielle et le droit* », Centre de recherche information droit et société, p143-186.

[3] Dans un tel contexte, il convient de s'interroger sur la persistance de l'effectivité du droit d'être laissé seul (« the right to be let alone »), considéré comme socle fondamental de la notion de vie privée (S. WARREN, L. BRANDEIS, « *The Right to Privacy* », Harvard Law Review, vol. 4, 1890, pp. 193-220, accessible sur : <http://groups.csail.mit.edu/mac/classes/6.805/articles/privacy/Privacy_brand_warr2.html>.

Amazon vous prodigue des conseils relatifs à la tenue du jour. Alors bien sûr, jamais trop court ni trop décolleté, toujours rester dans la discrétion avec des tenues sobres qui permettent de se fondre dans ce conformisme. En gagnant la cuisine, les robots et enceintes connectées sont présents pour la conception de recettes diététiques adaptées au maintien d'une bonne santé. Vous pouvez désormais dire adieu à vos carrés de chocolat chaque soir ou au petit café du matin. À la place, jus de spiruline et manioc en barre. Aucun répit pour votre propre développement personnel puisque, une fois sur votre lieu de travail, vos moindres mouvements sont également conditionnés. Récemment, Amazon a breveté un bracelet destiné aux employés, qui émet des vibrations si la personne se situe dans une zone jugée « impropre » ou si elle se rapproche d'un article ne correspondant pas à celui visé. De ce fait, si une employée prend du retard, elle recevra un sms qui lui rappelle ses objectifs et si elle ne les atteint pas, elle en subira les conséquences. Sur le site Amazon d'Allentow, en Pennsylvanie, Kate Salasky faisait parfois des journées de travail de onze heures sans pratiquement s'arrêter de marcher dans tout l'entrepôt, car en mars 2011, son supérieur lui avait envoyé un message d'avertissement lui indiquant qu'elle était restée inactive pendant plusieurs minutes[1]. Tout cela poursuivant ainsi, la volonté d'un « bon comportement » dicté par des intérêts économiques.

Depuis l'arrivée de la 5G, on voit s'affranchir des milliards d'objets comme les voitures autonomes qui possèdent de nombreux capteurs pour collecter des données relatives aux conducteurs : niveau d'attention, rythme cardiaque, émotions, habitudes de conduite, destinations fréquentes[2], etc. Une étude de septembre 2023 par la Fondation Mozilla a révélé que les constructeurs automobiles collectent et vendent des données personnelles extrêmement détaillées sur les conducteurs qui n'ont aucun moyen réel de s'y soustraire. Ce rapport affirme que les voitures modernes sont truffées de capteurs et recueillent plus d'informations sur vous que n'importe quel autre produit de votre vie. Elles savent où vous allez, ce que vous dites et

[1] S. HEAD, "*Worse than Wal-Mart : Amazon's Sick Brutality and Secret History of Ruthlessly Intimidating Workers*", Salon, 23 février 2014.

[2] G. PITRON, « Voyage au bout d'un like », LLL, Les liens qui libèrent, septembre 2021.

comment vous bougez votre corps. La politique de confidentialité de Nissan par exemple, permet à l'entreprise de recueillir et de partager les données d'activité sexuelle, de diagnostics de santé et d'informations génétiques des conducteurs. Également mentionnée dans cette publication, la société High Mobility en partenariat avec neuf des marques de voitures étudiées par Mozilla, fait la promotion sur son site web de vous donner accès pour quelques euros à une large gamme de données, y compris des données de localisation précises.

Bien que parfois ces gadgets puissent être « ludiques », ils contribuent à une surveillance permanente qui peut s'avérer d'autant plus néfaste avec le soutien des assurances.

Très tôt, Google France a fait part de son intention de créer des partenariats avec des compagnies d'assurance dans le but de « développer des séries de produits qui combinent technologie, électronique et assurance ». Le but est que ces contrats d'assurance soient destinés à minimiser les risques en laissant place à des processus automatisés qui répondent « presque immédiatement » à des infractions précises. Cela tend à se développer dans le secteur de l'automobile, car le but est que « les assureurs soient en mesure de contrôler directement le comportement des assurés » en « enregistrant les durées, les lieux et les conditions de circulation des trajets, les accélérations brusques, les pointes et excès de vitesse, la vigueur de freinage, la vitesse à laquelle ils attaquent les virages, l'utilisation des clignotants »[1] pour punir l'assuré (augmentation des taux en temps réel, pénalités financières, couvre-feu pour les jeunes conducteurs, verrouillage du moteur à distance) ou le récompenser (réduction des taux, coupons, étoiles à collectionner pour obtenir des avantages). Ce souhait a d'ailleurs été partiellement mis en forme par l'entreprise Spireon qui propose un « Loan-Plus Collateral Management System » et envoie des alertes SMS aux automobilistes qui tardent à payer leur mensualité puis verrouille le véhicule à distance lorsque le défaut de paiement excède une durée prédéterminée en communiquant

[1] "*Overcoming speed Bumps on the road to Telematics*", Deloitte University Press, 21 avril 2014.

directement, les coordonnées du véhicule immobilisé à l'huissier en charge de la récupérer[1].

Si les entreprises justifient cette collecte pour vous proposer un service de meilleure qualité, aimeriez-vous que toutes ces données soient partagées avec le gouvernement pour vous sanctionner ?

On se questionne alors tout naturellement sur l'omniprésence de ces objets connectés qui peuvent être comparés à une surveillance numérique « carcérale ».

3. SURVEILLANCE GÉNÉRALISÉE

L'avènement de l'ère de la traçabilité

Saviez-vous que vous êtes géolocalisés au minimum 376 fois par jour ?

D'après l'étude d'une ONG irlandaise[2] sur la publicité ciblée en temps réel sur Internet, il ressort que les Européens seraient traqués 376 fois par jour contre 747 fois pour les Américains (merci le RGPD).

Prenons l'exemple du traçage insoupçonné des trottinettes électriques.

Bolt, Bird, Lime ou Uber, ces entreprises ne vous sont pas étrangères mais plutôt familières. Bien qu'elles ne soient plus disponibles dans la capitale, la plupart d'entre nous avons fait l'usage de trottinettes électriques afin d'assouvir un besoin de prise de risques ou pour éviter de s'entasser dans le métro. Si nous avons tous généralement dans notre téléphone une application au minimum appartenant à l'une de ces sociétés, sommes-nous réellement conscients de toutes les données que nous leur partageons ?

---

[1] R. KATES, "*Geotab Launches a World Leading Driver Safety Telematics Solution That Speaks to the Driver Inside the Vehicle*", Geotab, September 10, 2015.

[2] ICCL, *Report on scale Real-Time Bidding data broadcasts in the U.S and Europe*, accessible via : <https://www.iccl.ie/wp-content/uploads/2022/05/Mass-data-breach-of-Europe-and-US-data-1.pdf>.

Lors de la création d'un compte client sur l'une de ces applications, vous partagez votre nom, adresse mail, numéro de téléphone, adresse postale, coordonnées bancaires, etc[1]. De plus, à chaque fois que vous utilisez leurs services, vous les autorisez à collecter toutes les informations relatives à vos trajets grâce aux capteurs fixés sur la trottinette et aux données transmises par votre téléphone mobile. Étiez-vous également au courant que vous consentez à ce que l'opérateur partage certaines de vos données « avec des parties tierces à des fins de recherche, de commercialisation et pour d'autres objectifs »[2] ? Cela signifie que vous avez accepté que l'opérateur utilise un logiciel qui collecte des informations sur vous, souvent sans lien direct avec le fonctionnement de l'application, qu'il transmettra par la suite à d'autres entreprises poursuivant leurs propres objectifs commerciaux. « Le tracker utilisé par Bolt et Bird (Appsflyer), s'intéresse à l'historique de votre navigation sur le Net et aux autres applications installées sur votre téléphone, le tracker de Bolt (Tune) collecte quant à lui certaines de vos données de géolocalisation, celui de Bird, Dott et Hive (Adjust) garde en mémoire vos achats les plus divers et enfin, celui de Lime (Branch), collecte vos empreintes digitales »[3].

Il est alors nécessaire de prendre en considération l'importance de vos données de mobilités qui sont parmi les informations « les plus sensibles qui soient[4]». Une simple analyse de ces dernières permet de déduire vos habitudes et de connaître votre adresse personnelle (lieu de départ chaque matin), votre religion (culte dans lequel vous vous rendez), vos orientations politiques (participation à des manifestations) ou encore vos pathologies (rendez-vous réguliers chez un praticien déterminé).

---

[1] Consulter la politique de protection de la vie privée de l'opérateur Bird, accessible via : <bird.co/privacy/>.

[2] Consulter la politique de confidentialité de l'opérateur Lime, 1er Mai 2024, accessible via : <li.me/privacy>.

[3] G. PITRON, « *L'enfer numérique, voyage au bout d'un like* », LLL, Les liens qui libèrent, septembre 2021, p118-122.

[4] G. PITRON, « *L'enfer numérique, voyage au bout d'un like* », LLL, Les liens qui libèrent - Entretien avec Mohammad Tasjar, avocat au sein de l'Union américaine pour les libertés civiles (American Civil Liberties Union, ACLU), 2020.

Récemment, la CNIL a d'ailleurs sanctionné en formation restreinte[1] la société Cityscoot d'une amende administrative d'un montant de cent mille euros pour non-respect du Règlement général sur la protection des données personnelles (RGPD).

On revient alors à l'idée de Foucault qui décrivait la prison panoptique en disant que « le détenu ne doit jamais savoir s'il est actuellement regardé »,[2] car des sociétés dont vous ne savez rien savent tout de vous.

Les agents conversationnels

Désormais, nous pouvons naturellement interagir par des échanges écrits ou oraux dans un langage naturel avec un agent conversationnel, aussi appelé chatbot. Ce système peut être intégré dans des objets, comme les enceintes connectées, ou directement sur un smartphone. Pour fonctionner, l'agent conversationnel utilise un système d'intelligence artificielle de traitement automatique du langage naturel afin d'engager une conversation avec un individu en simulant un comportement humain.

Aujourd'hui, cette technologie est déployée dans de nombreux domaines et contribue à rédiger un email, trouver une idée de cadeau pour la fête des Mères ou encore raconter des blagues. Cependant, son fonctionnement se base sur l'utilisation de données personnelles, car, pour générer vos *prompts,* vous fournissez à l'outil un contexte qui s'appuie la plupart du temps sur des données personnelles.

Le meilleur exemple ne peut être autre que : ChatGPT.

Lancée en novembre 2022, OpenAI a fait de ChatGPT-3 une intelligence artificielle plus concrète pour des millions de gens. Ce générateur de texte qui a l'apparence d'un langage humain a été entraîné pour s'exprimer de la manière la plus humaine possible. Cependant, si ses réponses semblent impressionnantes, il n'a aucune conscience de ce qu'il dit et affirme parfois avec assurance, des

---

[1] Délibération de la formation restreinte n° SAN-2023-003 du 16 mars 2023 concernant la société CITYSCOOT.

[2] M. FOUCAULT, « Surveiller et Punir », Gallimard, février 1975, p.23

informations inventées qui n'ont aucun fondement avec la réalité. On parle alors d'hallucinations[1]. Dans sa dernière mise à jour, ChatGPT-4 (version payante) propose d'ailleurs une nouvelle fonctionnalité : celle de pouvoir interagir vocalement avec l'utilisateur.

Ces nouvelles technologies puissantes conduisent donc à une course effrénée des intelligences artificielles entre ChatGPT, Anthropic[2], InflectionAI[3], Midjourney[4] et bien d'autres encore, qui s'entraînent grâce à de vastes quantités de données aspirées à partir de diverses sources sur le web[5].

Cependant, sans même que l'utilisateur soit identifié, sa façon d'écrire comme sa voix sont porteuses d'un certain nombre d'informations et le trahissent. De ce fait, le ton de la voix, les fautes d'orthographe, le langage utilisé, etc. permettent l'extraction d'informations nombreuses, sur l'âge, le sexe, la familiarité à la langue, la condition physique, l'origine socio-culturelle, etc. C'est à juste titre que la CNIL fait correspondre le caractère singulier de la voix comme une donnée personnelle dans son livre blanc[6].

Plus généralement, ces *Large Language Model* (LLM) posent la question de savoir s'ils stockent ou non des données personnelles et si le RGPD comme le nouveau Règlement sur l'Intelligence Artificielle[7] doivent s'appliquer. Une question qui suscite beaucoup d'interrogations et à laquelle la CNIL n'a toujours pas souhaité s'exprimer sur le sujet.

---

[1] Ces hallucinations devraient réduire dans la prochaine version GPT-5, attendue courant 2024, car une des améliorations les plus significatives serait sa capacité à réduire les hallucinations et les réponses inexactes ou fictives.
[2] Spécialisé dans le développement d'intelligences artificielles générales.
[3] Commercialise principalement des chatbots.
[4] Permet de générer des images à partir de textes.
[5] Plus communément appelé *Webscrapping*.
[6] CNIL, "*À votre écoute*", Live blanc CNIL, septembre 2020, accessible via : <https://www.cnil.fr/fr/votre-ecoute-la-cnil-publie-son-livre-blanc-sur-les-assistants-vocaux>.
[7] 2024/1689, qui entrera en vigueur à partir du 2 août 2024.

Ainsi, par l'immixtion de ces agents conversationnels dans notre vie privée auquel nous consentons pleinement, nous contribuons à fortifier la position de *gatekeppers*[1] que détiennent ces plateformes numériques en faisant de l'utilisation de nos données personnelles et de l'intrusion dans notre vie privée, la fortification de leur modèle économique.

Cette surveillance n'est pas seulement effectuée par des acteurs privés, car, face à la numérisation du monde, nos conjoints se mettent également à traquer nos moindres mouvements.

Surveillance : nouvelle composante du couple 3.0

Bienvenue dans l'ère où « je swippe, je like, je clique »[2].

Il n'y a pas si longtemps, avant de se séparer, on mettait tout en œuvre pour rester ensemble mais aujourd'hui, le simple geste minuscule de swiper vers la droite fait mourir nos histoires d'amour pour assouvir un délire fou d'abondance. Maintenant on s'abonne, s'aime, se sépare, se bloque et s'espionne : voici les relations amoureuses au XXIe siècle.

Désormais, l'intelligence artificielle peut permettre à une application de rencontre de faire correspondre des profils sur la base de différents critères ; Facebook organise des rendez-vous à distance via des casques de réalité virtuelle ; certaines personnes développent des sentiments pour le chatbot Xiaolce qui fonctionne via une intelligence artificielle ; ou encore, il est possible de « faire l'amour » à distance en contrôlant un jouet depuis notre smartphone grâce à une application[3].

Les technologies ont réinventé « l'amour ».

La facilité qu'ont apportée les réseaux sociaux de pouvoir contempler d'autres personnes, toujours plus grandes, plus minces, plus musclées que nous, nous a amenés à douter, douter de nos

---

[1] Les gatekeepers sont des fournisseurs de services de plateformes essentiels qui ont la qualité de contrôleurs d'accès (très souvent les GAFA).

[2] Propos de Chloé Hermeline.

[3] Publication Instagram, HugoDecrypte, 4 mai 2022.

capacités, de notre physique et de l'autre personne avec qui nous partageons notre vie. Alors dans un sentiment d'insécurité et de méfiance, nous devenons notre propre détective.

Aujourd'hui, lorsque nous rencontrons quelqu'un, aussi bien en réel qu'en virtuel, nous le passons au crible. Nous lui faisons passer un interrogatoire sans même que l'accusé, principal intéressé, ne soit au courant. Instagram, Facebook, LinkedIn, nombre d'abonnés, nombre de publications, nombre de j'aime, amis en commun, commentaires des publications, centres d'intérêt, voyages … Nous « savons tout », et l'accusé n'a même pas eu besoin de parler.

Une fois dans le couple, nous commençons par regarder quelques fois dans le téléphone de notre conjoint pour trouver quelque chose qui pourrait nous déplaire. D'autres vont jusqu'à installer des logiciels espions dans le téléphone de leur partenaire pour surveiller SMS, mails, listes d'appels, photos ou vidéos. Les plus sournois mettent en place des balises GPS sous les voitures pour connaître tous les déplacements, installent des enregistreurs de frappe sur l'ordinateur pour être au courant de toute l'activité du clavier ou encore, équipent le domicile familial de webcams. Récemment, le scandale des AirTags développés par Apple, qui sont de petites balises conçues pour retrouver facilement les objets importants du quotidien et que plusieurs femmes ont expliqué avoir retrouvé dans leurs affaires personnelles dans le but de connaître leurs moindres déplacements[1], illustre parfaitement la surveillance que l'on peut retrouver dans certains couples.

Pour information, l'article 226-1 du Code pénal sanctionne de telles pratiques qui peuvent porter atteinte à l'intimité de la vie privée d'autrui à hauteur d'un an d'emprisonnement et de 45.000 euros d'amende. De plus, si ces pratiques sont réalisées par le conjoint ou le concubin, cela constituera une circonstance aggravante.

---

[1] G. HAAS, M. LAURENT, "*L'AirTag : un localisateur d'objet ou une balise d'espionnage ?* », HAAS, 28 mars 2022, accessible via : < https://info.haas-avocats.com/droit-digital/l-airtag-un-localisateur-dobjet-ou-une-balise-despionnage->.

Ainsi, espionner est devenu très simple, surtout quand on sait que plus de 280 applications liées à l'espionnage étaient disponibles en libre accès sur Google Play Store en mai 2018[1].

Alors si nous pensions que l'intimité que nous partageons avec notre partenaire était un lieu sûr pour l'épanouissement de notre vie privée, l'immixtion des nouvelles technologies dans nos relations vient grandement remettre en cause cette affirmation. Les couples se transforment en agents secrets et les mensonges, omissions, dissimulations et double jeu sont devenus leurs quotidiens. Mais où sont passés la confiance et le respect de l'intimité de l'autre ? Deux valeurs pourtant essentielles au développement d'une personne et d'un couple.

La surveillance des acteurs publics

De nombreux pays se servent de ces nouveaux moyens technologiques pour traquer leur population de manière encore plus intrusive et sans aucune garantie pour leur vie privée.

Dès l'entrée au pouvoir de Mao Zedong, les Chinois étaient contraints de vivre dans des lieux qu'ils avaient recensés permettant à la police d'arrêter quiconque s'aventurait hors de sa localité. Avec la création d'entreprises comme Baidu (moteur de recherche) ou Hikvision (vidéosurveillance), cette surveillance se base sur des moyens technologiques sans précédent. Le système totalitaire chinois impose désormais que la moindre activité suspecte, comme utiliser un téléphone qui n'est pas enregistré à notre nom, ou consommer plus d'électricité que la normale, déclenche une enquête par la divulgation de ces données aux autorités.

Les États-Unis sont connus quant à eux comme pouvant intercepter n'importe quelles télécommunications sur la planète grâce à leur logiciel Pegasus qui permet d'extraire des téléphones les messages, photos, courriers électroniques, listes d'appels, et d'activer secrètement le micro en exploitant des failles ou des bugs dont le fabricant n'a pas encore connaissance. Ce système a d'ailleurs récemment fait l'objet de polémiques lors des révélations d'espionnage de la

---

[1] Supra.

chancelière Angela Merkel et d'Emmanuel Macron[1]. De plus, en septembre 2023, 2 604 services de police à travers les États-Unis ont noué des partenariats avec le service Ring d'Amazon qui propose des caméras et sonnettes connectés, sans clarifier la relation entre la police et Ring pour ses consommateurs[2].

L'espionnage et la surveillance font donc désormais partie intégrante du fonctionnement de nombreux pays et le développement de nouveaux outils technologiques comme la reconnaissance faciale ne tendent pas à préserver la vie privée des individus.

Si récemment le préfet de Paris et la CNIL ont annoncé qu'il n'y aurait pas de reconnaissance faciale aux Jeux olympiques 2024[3], cela a fait l'objet de nombreux désaccords entre certains acteurs qui souhaitent la mise en œuvre de ces systèmes pour assurer une meilleure « sécurité » et d'autres qui affirment que ces outils sont liberticides. En guise de compromis, des centaines de nouvelles caméras augmentées[4] viennent d'être installées dans de nombreuses gares parisiennes, « nous transformons les caméras de vidéosurveillance en un puissant outil de surveillance », comme l'explique Matthias Houllier, cofondateur de Wintics, l'une des quatre entreprises françaises qui ont remporté des contrats pour déployer leurs algorithmes aux Jeux olympiques[5].

Le souhait d'utiliser la reconnaissance faciale n'est pas nouveau. Dès 2015, la création du fichier TES[6] autorisant la numérisation de

---

[1] AFP, « *Espionnage : Macron et Merkel attendent des explications des USA et du Danemark* », VOA Afrique, 31 mai 2021, accessible via : <https://www.voaafrique.com/a/espionnage-macron-et-merkel-attendent-des-explications-des-usa-et-du-danemark/5911170.html>.

[2] L. THUY VO, « *Accidental Spies: Amazon Ring Owners May Be Unknowingly Emailing Police* », The Markup, 11 octobre 2023.

[3] S. SALOM-GOMIS, « *Jeux-Olympiques de Paris-2024 : La sécurité ne passera pas par la reconnaissance faciale* », Le sport ses valeurs en ville, accessinle via : <https://www.sportetville.org/jeux-olympiques-de-paris-2024-la-securite-ne-passera-pas-par-la-reconnaissance-faciale/>.

[4] La différence avec la reconnaissance faciale est que les caméras augmentées ne traitent pas nécessairement les caractéristiques (physiques ou comportementales) des individus, et ne servent pas non plus à identifier les personnes enregistrées.

[5] M. MEAKER, « *At the Olympics, AI is watching you* », Wired, July 25th, 2024.

[6] « *Le fichier TES, prémise à la reconnaissance faciale de masse, arrive devant le Conseil d'État* », La Quadrature du Net, septembre 2018, accessible via :

la photo de notre visage en cas de renouvellement de papiers d'identité, constituait déjà une base idéale pour la création d'un futur système de reconnaissance faciale généralisée. Dans la continuité, en décembre 2021, la Cour des comptes adressait une lettre[1] à Gérald Darmanin (ancien ministre de l'Intérieur), pour réclamer des évolutions législatives sur la vidéosurveillance en soulignant qu'il est « urgent de réformer la réglementation relative à la vidéo-protection sur l'espace public, puisqu'elle a été définie dans les années 1990 et n'a pas été modifiée pour tenir compte des évolutions des technologies, des pratiques ou de l'environnement juridique ». La Cour souligne également que certaines dispositions du Code de la sécurité intérieure sont « obsolètes par rapport à certains outils devenus d'usage courant » et souhaite que la gestion du maintien de l'ordre et l'élucidation à des fins judiciaires deviennent « des finalités de la vidéoprotection » dans le cadre légal.

Dans cette perspective, et soucieuse des enjeux que représente une telle mise en œuvre, le rapport de la mission d'information sur la reconnaissance biométrique dans l'espace public[2] propose de définir des « lignes rouges » à l'utilisation de la reconnaissance bio-métrique[3], à savoir la notation sociale, la catégorisation en fonction de critères discriminants, l'analyse des émotions et la surveillance biométrique de l'espace public. Cependant, si les sénateurs suggèrent d'interdire l'utilisation de la reconnaissance faciale par les acteurs privés sans consentement individuel, ils souhaitent en revanche créer un « cadre juridique expérimental », sur une période de trois ans, autorisant l'utilisation de la reconnaissance biométrique par les acteurs publics ou dans les « espaces ouverts au public » dans l'objectif de « créer le débat et de déterminer quels usages de la reconnaissance faciale sont pertinents ». Également, les sénateurs

<https://www.laquadrature.net/2018/09/26/audience_tes/>.

[1] COUR DES COMPTES PARIS, *Lettre à Gérald Darmanin concernant le plan de vidéoprotection de la préfecture de police de Paris*, 2 décembre 2021, accessible via : < https://www.ccomptes.fr/fr/documents/58747>.

[2] SÉNAT, "*La reconnaissance dans l'espace public : 30 propositions pour écarter le risque d'une société de surveillance* », 10 mai 2022, accessible via : <https://www.senat.fr/rap/r21-627/r21-627.html>.

[3] À noter que l'IA Act 2024/1689 interdit l'utilisation de systèmes d'identification biométrique à distance en temps réel dans des espaces accessibles au public à des fins répressives ainsi que la notation sociale (cf, Article 5, Chapitre II).

souhaiteraient utiliser à titre expérimental, l'authentification biométrique pour l'accès à des lieux ou des événements ainsi que pour l'utilisation a posteriori dans le cadre d'une enquête judiciaire ou par les services spécialisés de renseignement dans des cas bien définis et avec des garanties.

Eu égard des dernières attaques terroristes en France, la mise en place de ces systèmes est plus que jamais un sujet central. Laurent Wauquiez (député français) a déclaré en octobre 2023 qu'il souhaitait expérimenter des dispositifs de reconnaissance faciale pour protéger les lycées[1]. Pour rappel, en 2020, le tribunal administratif de Marseille a annulé la décision de la région Paca, de décembre 2018, autorisant l'expérimentation du contrôle d'accès par reconnaissance faciale dans deux lycées car la collectivité n'avait pas su prouver que ces contrôles à l'entrée étaient un motif d'intérêt public et que ce n'était pas atteignable par d'autres méthodes.

Une mise en balance est ainsi nécessaire car ces technologies intrusives nuisent grandement à l'épanouissement de notre vie privée. À juste titre, la CNCDH alerte sur l'utilisation d'un tel système et souhaite prohiber l'identification biométrique à distance dans des espaces accessibles au public car une telle mise en place altèrerait le respect de la vie privée, tout comme la liberté de circulation[2].

Cependant, si la mise en place de la reconnaissance faciale est un sujet pris très au sérieux par les acteurs publics pour que son utilisation n'entrave pas grandement nos libertés fondamentales, un grand nombre d'acteurs privés ont d'ores et déjà mis en place ces systèmes.

À ce jour, l'IA Act interdit « l'utilisation de systèmes d'identification biométrique à distance en temps réel dans des espaces accessibles au public à des fins répressives, sauf si et dans la mesure

---

[1] R. SCHITTLY, « *Laurent Wauquiez s'attire les critiques de tous bords sur la reconnaissance faciale pour sécuriser les lycées d'Auvergne-Rhône-Alpes* », Le Monde, 21 octobre 2023.

[2] CNCDH, *Avis relatif à l'impact de l'intelligence artificielle sur les droits fondamentaux*, 7 avril 2022, accessible via : <https://www.cncdh.fr/fr/publications/avis-relatif-limpact-de-lintelligence-artificielle-sur-les-droits-fondamentaux-2022-6>.

où cette utilisation est strictement nécessaire eu égard à l'un des objectifs suivants:

i) la recherche ciblée de victimes spécifiques d'enlèvement, de la traite ou de l'exploitation sexuelle d'êtres humains, ainsi que la recherche de personnes disparues;

ii) la prévention d'une menace spécifique, substantielle et imminente pour la vie ou la sécurité physique de personnes physiques ou d'une menace réelle et actuelle ou réelle et prévisible d'attaque terroriste;

iii) la localisation ou l'identification d'une personne soupçonnée d'avoir commis une infraction pénale (…) ».[1]

L'utilisation de la reconnaissance faciale par les acteurs privés

Nous utilisons la reconnaissance faciale quotidiennement et nous n'y prêtons même plus attention.

Désormais, pour déverrouiller notre téléphone, ouvrir l'application de notre banque en ligne ou s'identifier sur des sites internet, nous utilisons la reconnaissance faciale pour nous faciliter l'accès. Cette utilisation fréquente permet d'ailleurs à ces systèmes d'affiner leur fonctionnement en se rendant de plus en plus performant et de banaliser l'usage de ces technologies. La mise à jour d'Apple avec IOS 15.4.1 en est un bel exemple en ce qu'elle permet désormais de déverrouiller votre appareil via FaceID, même lorsque vous portez un masque, en détectant seulement vos traits autour des yeux.

Lime vous demande de vous prendre en photo pour vérifier vôtre âge, Ryanair exige à une partie de ses clients de se soumettre à un "processus de vérification" nécessitant la prise d'une photo[2], Copilot de Microsoft propose l'analyse de données biométriques émotionnelles pour faire le bilan des réunions Teams, ou encore un

[1] Pour plus de précisions, voir Article 5, Chapitre II, Règlement (UE) 2024/1689.

[2] Une plainte a d'ailleurs été déposée le 27 juin 2023 contre ce processus invasif par l'ONG noyb (*Non Of Your Buisness*) auprès l'Autorité espagnole de protection des données.

compte TikTok viral suivi par plus de 90 000 abonnés divulgue l'identité de personnes ordinaires et anonymes sur Internet en utilisant une technologie de reconnaissance faciale disponible dans le commerce[1]. Pour le dernier cas, le compte cible généralement des personnes ayant déjà fait l'objet de vidéos virales ou des personnes suggérées dans les commentaires et de nombreuses vidéos du compte montrent le processus (malheureusement très simple) du fonctionnement : capture d'écran d'une vidéo, recadrage des images du visage, passage de ces photos dans un logiciel de reconnaissance faciale (Pimeyes ou FaceCheckID), puis révélation du nom complet de la personne, de son profil sur les réseaux sociaux et parfois même de son employeur à des millions de personnes qui ont aimé la vidéo.

Cette surveillance par les acteurs privés n'est pas seulement dans nos petits écrans, elle s'effectue également à plus grande échelle et très souvent, à notre détriment. Le récent scandale provoqué par l'entreprise Clearview AI[2] qui a « aspiré » des milliards de visages d'internautes sur des réseaux sociaux comme Facebook, LinkedIn, Instagram ou X (anciennement Twitter) pour établir une base de données à l'utilisation de la reconnaissance faciale en est un bon exemple[3]. D'autant plus quand on sait que cette base de données a été vendue aux forces de l'ordre de nombreux pays et bien évidemment, sans le consentement des personnes concernées. Plus récemment, Huawai a été accusé de participer à la reconnaissance faciale ethnique des Ouïghours[4] et Facebook est visé par de nombreuses plaintes pour ses mises en place illégales de la reconnaissance faciale aux États-Unis[5]. À New York, Kelly Conlon,

---

[1] J. COX, « *The End of Privacy is a Taylor Swift Fan TikTok Account Armed with Facial Recognition Tech* », 404Media, 25 septembre 2023.

[2] À ce jour l'entreprise a été mise en demeure par la CNIL française : <https://www.legifrance.gouv.fr/cnil/id/CNILTEXT000044499030?init=true&page=1&query=CLEARVIEW&searchField=ALL&tab_selection=all>, mais aussi par les autorités de protection britanniques et italiennes.

[3] M. AUTRAND, « *Clearview AI (encore) dans le viseur des autorités européennes de protection des données* », IREDIC, accessible via : <http://www.iredic.fr/2022/01/11/clearview-ai-encore-dans-le-viseur-des-autorites-europeennes-de-protection-des-donnees/>.

[4] « *Huawei a déposé un brevet pour une technologie d'identification des Ouïgours* », Courrier International, 13 janvier 2018,.

[5] J. MCKINNON, "*Texas sues Metaover Facebook's Facial-Recognition practices*", The Wall Street Journal, 14 février 2022, ; Voir aussi : R. BURNSON, "*Instragram*

avocate, s'est vu refuser l'accès au Radio City Hall alors qu'elle accompagnait sa fille de 9 ans au show Christmas Spectacular car les caméras disposées à l'entrée du lieu ont permis de l'identifier et déterminer qu'elle faisait partie d'une liste noire car elle travaillait dans un cabinet en charge d'une plainte contre les entreprises du propriétaire du lieu.

Ainsi, s'il nous arrive de consentir à l'utilisation de la reconnaissance faciale pour nous faciliter l'usage à certains services numériques, il faut rester particulièrement méfiant à leurs usages qui peuvent nous être préjudiciables. Qui aimerait être dans le cas de Kelly Conlon et se voir refuser l'accès à des lieux de divertissement basé sur l'entreprise dans laquelle vous travaillez ?

Bien que certains systèmes biométriques puissent présenter des « avantages » pour lutter contre la criminalité ou garantir la sécurité publique, ces technologies ne peuvent être considérées comme purement inoffensives car contrairement à un mot de passe, une fois que nos données biométriques sont divulguées, on ne peut pas demander à les modifier et notre visage, ne nous appartient plus.

Le fonctionnement de ces systèmes repose sur l'exploitation de données particulièrement sensibles qui peuvent porter atteinte au droit au respect de la vie privée comme au droit de la protection des données[1]. Et si l'on couple la reconnaissance faciale à l'intelligence artificielle, comme le propose Microsoft, cela aurait pour conséquence de pouvoir identifier des indicateurs de comportement qui sont trop subtils pour être captés par l'humain et tendrait d'une part à ce que nos moindres déplacements soient surveillés et que la préservation de notre vie privée s'en trouve entièrement altérée.

Cette surveillance omniprésente, similaire à celle décrite dans 1984 de Georges Orwell, permet désormais de tout savoir sur tout et la vie privée ne semble plus qu'être illusoire. Une étude a même

---

Faces Lawsuite Over Illegal harvesting of Biometrics", Bloomberg, 12 août 2020 ; Voir aussi : N. SINGER, M. ISAAC, "*Facebook to pay $550 million to settle facial recognition suit*", The New York Times, 29 janvier 2020.

1 RAPPORT, « *Technologies biométriques : l'impératif respect des droits fondamentaux* », Défenseur des droits, 19 juillet 2021, accessible via : <https://www.defenseurdesdroits.fr/fr/rapports/2021/07/rapport-technologies-biometriques-limperatif-respect-des-droits-fondamentaux>.

démontré pouvoir identifier avec précision le domicile de clients réguliers de club de strip-tease grâce à des données en libre accès concernant les allées et venues de taxis new-yorkais[1].

Nous sommes facilement identifiables et seulement « quatre points spatio-temporels sont suffisants[2] ».

Alors caméras, drones, logiciels espions, trottinettes, vidéosurveillances, reconnaissance faciale, sous prétexte de garantir la sécurité de chaque individu, l'omniprésence de ces systèmes de traçage ont affaibli leur perceptivité[3], les rendant encore plus intrusifs et mettant en danger à la fois l'anonymat dans l'espace public que la préservation de la vie privée de chacun des individus, au profit d'une surveillance généralisée.

Cette surveillance est d'ailleurs dominée par des intérêts économiques et permet aux entreprises, via l'analyse de nos émotions et mouvements, de nous orienter vers leurs propres intérêts.

---

[1] "*NYC taxi data blunder reveals which celebs don't tip) and who frequents srip clubs*", Fast Company, octobre 2014.

[2] Y. MONTJOYE, C.HIDALGO, v. BLONDEL, "*Unique in the crowd : The privacy bounds of human mobility*", Scientific Reports, vol.3, 2013.

[3] *Avis n°20-13 du 21 décembre 2020 relatif à la proposition de loi relative à la sécurité globale*, Défenseur des droits.

DEUXIÈME PARTIE :
LA DONNÉTISATION :
NOUVELLE BASE POUR LA MANIPULATION

1. L'EXPLOITATION DES FAILLES HUMAINES

L'omniprésence

Vous rappelez-vous de la dernière fois où vous avez éteint votre téléphone ?

Ce nouvel objet connecté, qui fait la taille de notre main, est devenu un outil indispensable que l'on emporte partout. Il suffit de s'asseoir à un café et regarder les personnes qui nous entourent, pour constater qu'en plus du sel et du poivre, les tables sont désormais décorées par les téléphones des clients.

Le téléphone, jamais à l'arrêt, formate notre rythme d'attention et s'illustre comme une tentation continue, présente à portée de main. Nous devenons même insolents lorsque nous le consultons ostensiblement en présence de notre famille, amies, collègues, alors même qu'ils nous adressent la parole. Cela a d'ailleurs donné naissance au mot *phnubbing*, illustrant la contraction des termes phone pour téléphone et snubbing pour « snobber ».

Ce réflexe inconscient de vouloir être connecté en permanence, a permis aux GAFAM d'accomplir leur défi : capter les regards d'une génération. Cela en a altéré notre niveau d'attention puisqu'il est désormais quasiment comparable à celui d'un poisson rouge : 9 secondes équivalent au niveau concentration de notre génération contre 8 secondes pour le poisson rouge. Nous sommes donc devenus des « poissons rouges enfermés dans le bocal de nos écrans »[1].

Cependant, gardons-nous de jouer les victimes car nous sommes les acteurs de cette surconnexion et livrons sur un plateau d'argent la plus grande part des données collectées[2]. Nous prenons nos iris en photo pour décorer nos salons, renseignons nos données sur de nombreux fichiers clients pour la plupart inutiles, et normalisons la présence des systèmes de surveillance qui réduisent notre espace dédié à l'exercice de notre vie privée. Nous n'avons donc même pas besoin de hackeurs pour nous exposer car l'omniprésence de ces

---

[1] B. Patino, « *La civilisation du poisson rouge* », Lgf, p.15, 2020.

[2] F. MATEO, « *La mort de la vie privée – Télésurveillance et données personnelles : Le nouvel or noir* », Denoel, 2022.

services nous a naturellement conduits à reconsidérer nos choix et préférons fournir nos données personnelles en échange de quelques services facilitant la vie.

Le casse-tête des conditions générales d'utilisation

Comment une entreprise privée comme Clearview IA a-t-elle pu identifier trois milliards de visages sans que personne ne s'en émeuve ? Pourquoi les révélations d'Edward Snowden sur la surveillance de masse des États-Unis n'ont-elles rien changé ? Nous acceptons cette idée selon laquelle « je pense donc l'ordinateur me suit »[1] et ne prenons même plus la peine de comprendre le fonctionnement de ces systèmes.

Alors que le RGPD devait aider les citoyens à mieux comprendre leurs droits, les politiques de confidentialité des entreprises sont de plus en plus complexes.

Il ressort d'une étude[2] que seuls 17% des Français seraient prêts à payer plus cher leurs achats auprès d'une entreprise qui s'engagerait à protéger la confidentialité de leurs données personnelles. Cela est principalement dû au manque d'information que les utilisateurs possèdent car s'ils savaient réellement ce à quoi ils consentaient, ils réfléchiraient davantage avant de cliquer sur « j'accepte ».

Sous couvert du droit au secret des affaires et de la propriété intellectuelle, tous cultivent le secret. Ni les algorithmes de Facebook ni ceux de Google ne sont publics. Or, si ces entreprises nous révélaient leurs réel fonctionnement et ambitions, cela refroidirait plus d'une personne. C'est pourquoi, elles préfèrent agir dans l'ombre et faire usage de cet art de la dissimulation.

---

[1] N°179, L'*Ordinateur Individuel,* janvier 2006.

[2] OUEST-FRANCE, "Données personnelles. Seuls 17% des Français sont prêts à payer pour se protéger en ligne », 28 janvier 2021, accessible sur : <https://www.ouest-france.fr/high-tech/internet/donnees-personnelles-seuls-17-des-francais-sont-prets-a-payer-pour-se-proteger-en-ligne-7134433>.

Quelles auraient été les réactions du public si on lui avait dit que le succès de Google provenait de ses capacités de surveillance unilatérale ?[1] Les politiques de Google ont dû mettre en œuvre le secret afin de protéger des opérations destinées à être indétectables, car elles s'emparent de biens appartenant aux utilisateurs sans leur demander la permission et utilisent ces ressources unilatéralement.

Bien que le RGPD impose le respect de quatre principes essentiels pour pouvoir valablement collecter des données personnelles (à savoir un consentement libre (absence de contrainte ou influence), spécifique (répondre à un seul traitement pour une finalité déterminée), éclairé (accompagné d'informations) et univoque (consentement donné par une déclaration[2])), cette collecte n'est en réalité pas réalisée sous ces conditions dans la majorité des cas.

Premièrement, dans certains cas, le simple fait de naviguer sur un site internet vous oblige à respecter les conditions générales d'utilisation. À ce propos, Nataliia Bielova, experte en protection de la vie privée, a analysé la politique de consentement de nombreux sites et a trouvé « des sites qui sauvegardent votre consentement même si vous n'avez pas encore fait votre choix tandis que d'autres, même si vous refusez les conditions, enregistrent que vous avez donné votre accord pour tout »[3].

Deuxièmement, les conditions générales d'utilisation sont parmi les plus pernicieuses[4] car elles imposent aux utilisateurs des conditions à prendre ou à laisser auxquelles ils doivent se tenir. Sachant que la plupart des utilisateurs sont inconscients des conditions « rapaces », ils se retrouvent ainsi « pris au piège » dans ces clauses contractuelles oppressives en cliquant sur le bouton « J'accepte ».

Pour exemple, les politiques de confidentialité de sites comme Google, Facebook ou Amazon indiquent dans des termes assez vagues qu'ils

---

[1] C. HOOFNAGLE, « *Beyond Google and Evil : How Policy-Makers, Journalists, and Consumers Should Talk Differently About Google and Privacy* », *First Monday*, April 6, 2009, accessible via : <https://papers.ssrn.com/sol3/papers.cfm?abstract_id=1380702>.

[2] CNIL, « *Conformité RGPD : comment recueillir le consentement des personnes ?* », CNIL, 2020, accessible sur : <www.cnil.fr/fr/les-bases-legales/consentement.>.

[3] Supra.

[4] P. LINZER, "*Contract as Evil*", Hastings Law Journal 66 (2015).

collectent des informations relatives à notre appareil pour « améliorer notre expérience de navigation », mais nous ignorons comment nos données sont réellement traitées, exploitées, partagées ou encore, combien elles rapportent. TF1 quant à lui, liste Renault et L'Oréal dans ses partenaires habilités à recevoir et utiliser vos données personnelles si vous avez cliqué sur « J'accepte ». Vous réalisez bien que ces partenaires sont opposés aux services que peut offrir TF1 et l'entreprise ne précise pas les finalités de ce partage de données.

Cette opacité est rendue possible par les juristes des entreprises qui, sous prétexte de protéger les intérêts de leur société contre d'éventuels futurs litiges, vont faire en sorte d'établir des contrats très longs et complexes qui expliqueront le manque de lisibilité, et par la suite, découragera l'utilisateur de lire sérieusement les conditions d'utilisation.

En 2008, deux professeurs de Carnegie Mellon ont calculé qu'une lecture correcte de toutes les politiques de confidentialité qu'on trouve en 1 an nécessiterait 76 jours de travail à temps plein pour une perte potentielle nationale de 781 milliards de dollars[1]. Également, une autre étude a démontré que sur 543 participants, 74% optent pour l'adhésion rapide. Ils ne lisent ni les conditions d'utilisation, ni les clauses concernant le respect de la vie privée. Les seuls qui déroulent les clauses abusives, les regardent à peine et vont pour la plupart, droit au bouton « J'accepte ». Ainsi, la durée moyenne de consultation de ces pages était de 14 secondes lorsqu'il fallait, d'après les chercheurs, 45 minutes pour bien comprendre le « contrat » proposé[2]. Peut-on alors réellement parler de consentement lorsque les conditions ne sont pas lues et que la complexité des termes a pour but de perdre le lecteur ? Pourtant, la plupart des tribunaux ont

---

[1] A.M. MCDONALD, L. FAITH CRANOR, "*The Cost of Reading Privacy Policies*", Journal of Policy for the Information Society, 4, n°3, 2008.

[2] J.A OBAR, A. OELDORF-HIRSCH, "*The Biggest Lie on the Internet : Ignoring the Privacy Policies and Terms of Service Policies of Social Networking Services*", Information, Communication & Society, 2018, p.1-20.

confirmé la légitimité des accords au clic malgré l'absence manifeste de consentement valable[1]. L'épisode de Black Mirror, « Joan Is Awful » dans la saison 6, illustre cette réalité. La jeune femme découvre qu'en souscrivant à une plateforme, elle a cédé tous les droits à son image et à sa vie. Cependant, cela était indiqué dans les petites lignes des conditions d'utilisation.

Troisièmement, dans certaines conditions d'utilisation, les applications ou sites précisent que la captation des données personnelles est subordonnée à leur pseudonymisation et que cela n'engendre aucun impact pour l'individu concerné. Or, il s'avère que cela ne « vaut rien » car un simple rassemblement de plusieurs données permet de retrouver la personne et offre la possibilité de consulter les milliers d'informations que la base possède sur lui[2].

Enfin, le comble est qu'il arrive parfois que les conditions générales d'utilisation soient modifiées unilatéralement par l'entreprise à n'importe quel moment, sans que l'utilisateur le sache ou y consente spécifiquement.

On assiste désormais à une saisie unilatérale des droits sans réel consentement, avec de simples termes : « en utilisant ce service vous acceptez nos conditions », alors que « notre habitude au consentement devrait nous questionner sur la réelle utilité du consentement en tant que moyen de renoncement partiel au droit à la vie privée »[3].

Ainsi, si autrefois les documents papiers imposaient des restrictions naturelles au comportement, aujourd'hui, les contrats numériques ne « pèsent rien » et viennent abolir les notions sacrées « d'accord » et de « promesse », si importantes à l'origine.

Cette culture du secret et de l'opacité conduisent donc à limiter et même supprimer la capacité de choix des individus entraînant leur propre réduction et illustrant l'idée selon laquelle « la principale

---

[1] E. LUGER, S. MORAN, T. RODDEN, "*Consent for All : Revealing the Hidden Complexity of Terms and Conditions*", in Proceedings of the SIGGHI Conference on Human Factors in Computing Systems, 2013, p. 2687-2696.

[2] Submissions by Centre for Communication Governance at National Law University Delhi, Derechos Digitales and Privacy International.

[3] Sur ce point, voir : D.J. SOLOVE, « *Privacy Self-Management and the Consent Dilemma* », Harvard Law Review, vol. 126, 2013, p.1880-1903.

caractéristique de l'ère de l'intelligence artificielle, c'est la fin du libre arbitre »[1].

La maniabilité de l'Homme

Nous consommions le monde, désormais nous sommes consommés.

Si vous pensiez choisir délibérément, vous reconsidéreriez surement votre position après la découverte des « nudges »[2], qui usent de nos biais cognitifs, nos jugements irrationnels, pour nous guider vers le bien-être ou servir des intérêts mercantiles. Bien qu'au départ ce ne sont que de simples orientations, non obligatoires, la croissance exponentielle de l'intelligence artificielle permet de les amplifier car les algorithmes apprennent à détecter nos habitudes pour nous inciter à consommer. Cela s'illustre parfaitement avec le développement des « augmented *dark patterns* », qui sont des designs numériques conçus pour contraindre la navigation en ligne et agir sur les stimuli des utilisateurs afin d'exploiter leurs vulnérabilités.

Par exemple, pour s'inscrire sur Amazon Prime, seuls trois clics suffisent, mais pour se désabonner, il y a plusieurs étapes qui jouent sur les émotions grâce à des techniques de marketing ultraraffinées en affichant des phrases telles que « *triste de vous voir partir* » ou encore « *vous renoncez à tous ces services en partant* ». Sur Ryanair, lorsque vous prenez un billet d'avion, l'interface fait en sorte de vous laisser croire que vous devez payer votre siège alors que c'est une option.

L'intelligence artificielle n'a pas été créée afin de donner soif de liberté mais pour rendre acceptable et désirable la sujétion[3] : notre dépendance est au cœur du projet. Comme le déplore l'économiste Richard Thaler, nous ne serions pas des *« homo œconomicus »*,

---

[1] G. KOENIG, « *La fin de l'individu - Voyage d'un philosophe au pays de l'intelligence artificielle* », éditions de l'observatoire, 2019, p. 136.

[2] Le « Nudge » a été théorisé par Richard Thaler et Cass Sunstein. Il consiste à utiliser les biais cognitifs pour orienter les décisions des individus dans une direction jugée bonne pour eux ou pour la collectivité.

[3] B. BARRAUD, « *Le droit à la liberté à l'ère des IA* », Revue lamy, Droit de l'immatériel, n°179, 1er mars 2021.

mais de simples *« homo sapiens »*, faibles de leurs pulsions[1]. En ce sens, la volonté de ces grandes entreprises est d'instaurer un certain engourdissement psychique qui nous rend insensibles au fait d'être géolocalisés, analysés, exploités, modifiés et nous amène à rationaliser avec des « je n'ai rien à cacher » choisissant l'ignorance par frustration et impuissance[2].

C'est dans cette optique que si certains d'entre nous sont forcés de porter un bracelet électronique à la cheville, d'autres attachent lascivement leur montre connectée au poignet. Aujourd'hui, les technologies ne servent plus uniquement à stocker et trier des données, elles ont aussi pour fonction de nous guider et donner des indications. Alors bien que certains systèmes proposent d'« augmenter l'homme », en le réduisant en données, ils tendent surtout à le simplifier[3]. L'intelligence artificielle est parvenue à connaître les individus mieux que les individus eux-mêmes, les conduisant à abandonner leur capacité à choisir et décider à des machines, et à s'y soumettre dans des pans entiers de leur vie individuelle, sociale et professionnelle[4]. C'est ainsi qu'à des fins d'optimisation, on limite notre faculté de jugement et d'action pour y substituer des protocoles informatiques permettant de décider à notre place. On poursuit l'idéologie selon laquelle, Dieu n'ayant pas terminé la création, les hommes devraient être corrigés de leurs défauts et remis dans le droit chemin[5]. C'est la vision leibnizienne du « meilleur des mondes » qui serait possible grâce à la mise en données et à la calculabilité de toute chose. Or cela ne peut qu'engendrer une réduction de notre faculté à affronter le réel et impliquer une tendance à la tyrannie et à la soumission[6].

Certains persistent tout de même à affirmer qu'ils ont eux-mêmes choisi de recourir à la technologie et se confortent en se disant que

---

[1] R. THALER, C. SUNSTEIN, « *Nudge* », Vuibert, 2007.
[2] L. WINNER, "*A Victory for Computer Populism*", *Technology Review 94*, n°4, 1991.
[3] J.M BESNIER, « *L'homme simplifié : le syndrome de la touche étoile* », Fayard, 2012.
[4] Y. HARARI, « *Homo Deus – Une brève histoire de l'avenir* », Albin Michel, 2017.
[5] Supra.
[6] H. ARENDT, « *La crise de la culture* », 1961, Folio, 2007, p.289.

s'ils le souhaitent, ils peuvent toujours renoncer à cette utilisation. Cependant, le confort et l'efficacité que cela nous apporte nous conduisent à renoncer au renoncement et préférons nous laisser guider et autoriser toutes les formes de domination, d'enregistrement et de réduction de nos capacités.

La réalité est que nous sommes tétanisés à l'idée de sortir sans notre téléphone par peur de ne pas trouver notre chemin, de ne pas pouvoir retrouver notre ami au café si on ne lui envoie pas un message toutes les cinq minutes pour savoir où il en est. On a peur d'être seul, on a peur de l'abandon, alors on se réfugie dans cette virtualité irréelle. Nous nous refusons d'emprunter les voies divergentes et nous ne nous permettons même pas d'y penser.

C'est grâce à ce mélange de peur et de paresse que l'intelligence artificielle a pu émerger si massivement dans nos vies. Ces recours permanents à la virtualité réduisent ainsi nos possibilités d'effectuer des choix libres et conscients et nous robotisent en ce que nous n'agissons plus que de façon automatique car l'optimisation engendre l'inertie.

Comme l'avertissait Paul Schwartz, « l'informatisation modifierait l'équilibre délicat entre les droits et les devoirs sur lequel reposent les lois sur la protection de la vie privée (…) C'est à l'autonomie humaine que l'ordinateur fait courir un danger. Plus on en sait au sujet d'une personne plus il est facile de la contrôler »[1].

---

[1] L. SCISM, « *State Farm Is There : As You Drive* », *Wall Street Journal*, 5 août 2013.

2. L'INFLUENCE AU CŒUR DU PROJET

Le ciblage

« Le post que vous voyez en haut de votre *News Feed* a été choisi parmi des milliers d'autres car c'est celui qui est le plus susceptible de vous faire rire, pleurer, sourire, cliquer, partager ou commenter »[1].

Aujourd'hui, l'objectif véritable des entreprises est de déduire un profil psychologique, professionnel ou financier à chaque utilisateur afin de pouvoir l'orienter dans ses actions et choix futurs[2]. Le surplus comportemental (étudié au chapitre 2, première partie), permet donc de savoir « ce que vous avez regardé, cherché ou évalué, ainsi que l'heure, la date et l'appareil »[3] pour créer une grande diversité d'options de ciblage et vous inciter (nudge) vers des résultats rentables.

Lancée en 2000, les *adwords* constituent la vente de mots clés, qui grâce à l'utilisation des données d'utilisateurs, permettent de proposer à côté d'une recherche, des résultats « naturels » contenant des liens renvoyant vers d'autres sites similaires à de précédentes recherches. Par exemple, Facebook offre aux publicitaires la possibilité de sélectionner parmi plus de 250 000 attributs pour vous cibler[4]. Leur service « audience similaire » permet également d'envoyer une publicité à toutes les personnes « similaires » dans un échantillon donné. Ces services sont d'ailleurs facilement accessibles car pour quelques centaines d'euros, n'importe qui peut attirer votre attention afin de « pousser » son message et le rendre plus visible. Les entreprises dépensent donc des sommes astronomiques car plus le ciblage sera précis, plus l'utilisateur sera susceptible d'être influencé. Pour idée, le

---

[1] W. OREMUS, "*Who Controls Your Facebook Feed*", Slate, 3 janvier 2016.

[2] Voir C. CARRARD, « *Nos données nous trahissent* », Courrier international, n°17116 du 21 au 27 septembre 2023.

[3] T. VANDERBILT, "*The Science Behind the Netflix Algorithms that Decide What You'll Watch next*", WIRED, 7 août 2013, accessible sur : <https://www.wired.com/2013/08/qq-netflix-algorithm/>.

[4] Oana Goga, « *Les enjeux de la publicité politique ciblée* », CNRS *Le Journal*, 2021.

montant actuel des dépenses publicitaires en France sur Meta seulement, est de 50 257 365 euros[1].

Les recommandations

Le ciblage dans un premier temps, les recommandations dans un second. Pour permettre une bonne recommandation, il faut que le ciblage préalable ait été correctement réalisé.

Dès 2016, X (anciennement Twitter) mit en place un algorithme de recommandation afin que les tweets présentés sur le fil d'actualité de l'utilisateur le soient par ordre de pertinence et non plus par ordre chronologique. Cette idée fût d'ailleurs rapidement suivie par Facebook, qui peu de temps après, modifia son algorithme pour mettre en avant les contenus que les utilisateurs trouvent « significatifs ». Son fil d'actualité est désormais capable de filtrer ce qu'il propose à ses utilisateurs à partir de recommandations hyper-personnalisées, qui sont soigneusement sélectionnées par un algorithme en constante évolution et suivant l'idée selon laquelle, dans le cas inverse, « les utilisateurs s'épuiseraient à tout lire ».

Ces nouveaux modèles sont donc basés sur la recommandation. Il n'y a qu'à prendre l'exemple de Netflix pour s'apercevoir que plus de 80% des séries que les utilisateurs regardent leur ont été recommandées par l'algorithme de la plateforme ou Tinder, qui attribue des scores d'attractivité[2] à ses utilisateurs pour permettre de meilleurs *matchs*.

Tout cela est ainsi rendu possible par une collecte, analyse et vente permanente de vos habitudes de navigation à des courtiers en données (*data brokers*) afin de déterminer votre profil de consommateur et le revendre par la suite à des annonceurs qui vont l'utiliser pour vous inciter à acheter leurs produits où vous montrer des publicités ciblées. Et comme sortir de cette zone de recommandation demande un effort, nous restons donc dans les suggestions et nous nous emprisonnons dans cette bulle d'information[3] confortant la

---

[1] Le 10 novembre 2023. Voir le rapport de la bibliothèque publicitaire Meta.
[2] J. Duportail, *L'amour sous algorithme*, Éditions Goutte d'Or, 2019.
[3] Voir Eli Pariser, *The Filter Bubble*, Hanser, 2012.

longévité de ces nouvelles fonctionnalités. Éric Sadin écrit justement qu'« il s'agit de créer une réalité qui nous soit conforme, afin de nous plonger le plus longtemps possible et de façon la plus répétée possible dans cet univers ». C'est donc tout naturellement que ces recommandations continues provoquent une forte addiction.

L'addiction

Il suffit d'une notification, pour que vous perdiez le fil de ce que vous étiez en train de faire.

La conception des interfaces cherche à produire de la dépendance. Vous êtes constamment maintenus en alerte par des notifications, sollicitations, et grâce au ciblage et à la recommandation, ces entreprises peuvent déterminer le contenu qui vous attire le plus pour vous guider dans la sélection à laquelle vous êtes exposés et exiger de vous en permanence, des réponses à des stimuli rapides et superficiels, qui nourrissent vos pulsions et émotions.

Désormais, dès que nous lisons un message ou visionnons un contenu qui nous fait sens, nous nous empressons de réagir par des likes, émojis cœur, qui pleure ou qui sourit. Nos moindres émotions sont devenues des processus informatiques qui viennent renforcer notre proximité avec ces objets connectés tout en nous en rendant tributaires. On parle justement de *meaningful interactions* (les interactions qui ont du sens), énoncé dès 2018 par Mark Zuckerberg, pour donner la priorité aux contenus qui « déclenchent les réactions et amorcent les conversations »[1].

Pour maintenir cette dépendance, certaines plateformes numériques vont jusqu'à mettre en œuvre des mécanismes qui vont capter l'attention des utilisateurs par un système de récompenses aléatoires et dont l'effet est comparable à celui des machines à sous. L'algorithme de Tinder entretient l'alternance entre des profils proches des choix passés et potentiellement susceptibles de plaire, avec des profils plus éloignés pour préserver une balance entre l'émerveillement et la déception afin de maintenir l'utilisateur « accro ». Netflix comme YouTube proposent une fonction « autoplay » permettant

[1] D. Chavalarias, « *Toxic Data* », Flammarion, 2023.

d'enchaîner les épisodes sans avoir à faire un geste ou exprimer une volonté. Mais celui à qui il faut décerner la palme d'or est bel et bien Tiktok et Léo Duff[1] l'a parfaitement résumé : « parce qu'il en avait les plans, TikTok s'est permis de rediriger les câbles de votre cerveau pour qu'il croie que votre bonheur repose sur lui. (…) Plus la récompense est variable, plus l'addiction est forte ». Aujourd'hui, selon les derniers chiffres de la plateforme, 1 français sur 3, soit 21,4 millions de personnes, utilise TikTok chaque mois. Cela représente un chiffre extrêmement élevé.

Ainsi, comme l'économie de ces entreprises repose sur notre attention en alimentant ces algorithmes de nos préférences, nous leur donnons les clés pour nous maintenir éveillés.

Et si cette addiction était en réalité une drogue qui permet de vous orienter vers des intérêts ?

3. L'orientation des intérêts

Une apparence invisible

L'endroit où les utilisateurs passent le plus de temps est sur leur « fil d'actualité » (*newsfeed*) qui est également la page d'accueil de ces nombreuses interfaces. Grâce à la collecte de vos données et des différents points développés au chapitre précédent, ce fil d'actualité est mis à jour en temps réel et est entrecoupé entre des contenus qui sont susceptibles de vous intéresser et des publicités contenant la mention « sponsorisé ». Tout est donc fait pour que le fil d'actualité soit homogène et que vous accordiez aux contenus sponsorisés comme aux contenus recommandés, la même attention.

Notons cependant que TikTok n'hésite pas à créer de faux profil pour influencer les fils d'actualité. L'entreprise chinoise est soupçonnée d'espionnage dans le but de contrôler les populations et

[1] L. Duff, « *Comment TikTok a ba*sé le cerveau d'une génération* », vidéo YouTube, 5 février 2023.

d'influencer les pays étrangers. C'est pour cela que tous les dirigeants ou personnes politiques ont été appelés à ne pas utiliser cette application sur leurs téléphones mobiles personnels.

Vous ne remettez pas non plus en cause les résultats de Google. Or, la majorité de vos clics se dirigent vers les cinq premiers résultats de la première page et ces derniers sont très souvent des pages sponsorisées. OpenAI qui vient quant à lui d'annoncer la future sortie de son propre modèle de recherche, *SearchGPT*, est en train de conclure des partenariats avec des éditeurs de contenu pour permettre de choisir la manière dont ils apparaissent dans une réponse à une requête[1].

Là encore, une manipulation sur l'ordre des résultats est totalement indétectable.

Nos données comme base d'un conditionnement précis et politisé

Le « conditionnement » est une méthode d'incitation au changement de comportement dont l'origine est associée à B.F Skinner.

Les nouvelles technologies permettent ce conditionnement par l'injection de contenus prédéfinis, afin d'influencer et de modifier les humeurs et comportements des utilisateurs.

L'idée est d'être capable de transmettre un message particulier, à une personne déterminée, au moment précis où il y aurait de grandes chances d'influencer son comportement et dans le but de la mettre sur le chemin qu'elle n'aurait pas forcément choisi, « leur droit chemin ».

Le scandale Cambridge Analytica de 2018 en est le parfait exemple. Les données personnelles de 50 millions de personnes ont été utilisées, sans leur consentement, pour manipuler leur intention de vote aux élections présidentielles américaines[2]. Alexander Nix,

[1] Le Figaro avec AFP, « *Intelligence artificielle : OpenAI teste un moteur de recherche, possible menace pour Google* », 26 juillet 2024.
[2] S. BIDDLE, « *Facebook Uses Artifical Intelligence to Predict Your Future Actions for Advertisers, Says Confidential Document* », Intercept, 13 avril 2018.

ancien PDG de la société, a ainsi démontré que les comportements électoraux des individus peuvent être manipulés à grande échelle et que Facebook nous connaît mieux que la personne qui partage notre vie[1].

C'est pourquoi, désormais, les politiciens dépensent des sommes colossales pour être plus visibles sur les réseaux sociaux et se servent de ces nouveaux moyens technologiques pour diffuser en continu des informations, plus ou moins vraies, afin d'influencer le comportement des électeurs. La campagne électorale d'Éric Zemmour a effectué du démarchage politique par SMS en visant des personnes de confession juive[2] ; la République en Marche a dépensé plus de 50 000 euros pour inciter les jeunes et les plus de 65 ans au vote ou à la procuration[3] ; et la droite et l'extrême droite ont massivement utilisé les réseaux sociaux à coup de mèmes, fake news ou attaques ciblées pour manipuler les opinions[4].

En réponse à ce flot incessant d'informations, ne laissant plus la possibilité de démasquer le vrai du faux ou le faux du vrai, l'application Elyze a vu le jour. Décrite comme le nouveau « Tinder de la présidentielle », elle a pour but d'informer les utilisateurs de manière précise et concise sur le programme de chacun des candidats à la présidentielle. Son fonctionnement est simple, si l'utilisateur est pour la proposition qui s'affiche sur son écran, il *swippera*[5] à droite pour « oui » et s'il est contre, à gauche pour « non ». Ainsi, au fur et à mesure des réponses, l'algorithme lui

---

[1] S. ZUBOFF, "*L'âge du capitalisme de surveillance*", Éditions Zulma, 2020.

[2] L. LANDES GRONOWSKI, « *Présidentielles et SMS visant la communauté juive* », AGIL'IT, 12 avril 2022, accessible sur : < https://www.agilit.law/donnees-caractere-personnel/presidentielles-sms-communaute-juive-interview-laure-landes-gronowski-associee-it-data/>.

[3] D. LELOUP, « *Sur Facebook, la République en marche et ses publicités un peu trop bien ciblées* », Le Monde, 2 avril 2022, accessible sur : <https://www.lemonde.fr/pixels/article/2022/04/02/sur-facebook-la-republique-en-marche-et-ses-publicites-un-peu-trop-bien-ciblees_6120226_4408996.html>.

[4] S. VIGUIER-VINSON, « *Face aux extrêmes, « il faut une éducation numérique et citoyenne renforcée* », Le Monde, 15 mars 2022, accessible sur : <https://www.lemonde.fr/le-monde-evenements/article/2022/03/15/face-aux-extremes-il-faut-une-education-numerique-et-citoyenne-renforcee_6117635_4333359.html>.

[5] Du verbe *swipper*. Voir glossaire pour la définition.

proposera un classement des candidats en fonction de son niveau de compatibilité avec chacun des programmes. Bien que l'objectif premier soit de « réconcilier les jeunes avec la politique », le fonctionnement de cette application a créé de fortes polémiques quant au traitement des données dites « sensibles », normalement interdit au regard du RGPD[1].

En effet, le traitement et la collecte de telles données pourraient permettre de catégoriser les individus selon leurs opinions politiques et de mettre en place des catégories de sanctions en fonction des différentes orientations politiques de chaque individu. Si aujourd'hui cela a été modifié, car le fonctionnement de l'application est passé en *Open Source*[2], rien ne peut en revanche nous garantir que les données des millions d'utilisateurs précédemment collectées ont bien été effacées car la première version indiquait dans ses Conditions générales d'utilisation (CGU)[3] et sa Politique de confidentialité, qu'elle stockait les réponses de l'utilisateur chez Amazon Web Services (AWS)[4]. Certes la mise en œuvre d'une telle application a une visée informative et ludique, pour des jeunes qui sont de nos jours, totalement désintéressés de la politique. Or, son fondateur n'a pas pleinement réalisé les risques qu'un tel système pouvait provoquer en ne prenant les garanties suffisantes pour sécuriser les données de ses utilisateurs. Ce fut récemment encore le cas avec l'application Crush qui permet aux jeunes de 10 à 21 ans de payer pour savoir qui a un coup de cœur pour eux. Là encore, les

---

[1] « Le traitement des données à caractère personnel qui révèle l'origine raciale ou ethnique, les opinions politiques, les convictions religieuses ou philosophiques ou l'appartenance syndicale, ainsi que le traitement des données génétiques, des données biométriques aux fins d'identifier une personne physique de manière unique, des données concernant la santé ou des données concernant la vie sexuelle ou l'orientation sexuelle d'une personne physique sont interdits. »

[2] Cela signifie que le code source du fonctionnement de l'application est librement accessible.

[3] Aujourd'hui modifiées depuis les nouvelles mesures, voici les conditions générales d'utilisation de l'application :
<https://nifty-option-15c.notion.site/Conditions-g-n-rales-d-utilisation-d-ELYZE-563c3cdb31c9465da8e6749c0c4760d1>.

[4] AFP, « Présidentielle, l'application Elyze intéresse la CNIL », Le Point, 17 janvier 2022, accessible via :
<https://www.lepoint.fr/high-tech-internet/presidentielle-l-application-elyze-interesse-la-cnil-17-01-2022-2460851_47.php>.

garanties nécessaires pour assurer la protection des données des utilisateurs, et particulièrement des mineurs dans ce cas, n'ont pas suffisamment été mises en œuvre dès la conception, provoquant ainsi, de nombreuses vulnérabilités.

Ce conditionnement généralisé des individus s'est d'ailleurs accentué depuis la Covid-19 avec la création du pass sanitaire en version numérique et des nombreuses mesures liberticides qui ont été prises.

Un renforcement par la Covid-19

« Dès lundi, et jusqu'à nouvel ordre, les crèches, les écoles, les collèges, les lycées et les universités seront fermés »[1]. Cette phrase, emblématique, qui évoque un goût amer pour certains ou nostalgique pour d'autres, annonçait la date du premier confinement prenant effet le 17 mars 2020. Ce virus, qui se transforma en pandémie mondiale, obligea le monde à se mettre en « stand-by » afin d'en cesser sa propagation. Cependant, les nombreuses mesures successives de confinement ont soulevé un certain nombre de problématiques relatives à la protection de la vie privée des individus avec l'augmentation des services dématérialisés. La Covid-19 a accéléré la numérisation du monde, nous rendant encore plus tributaires[2] des outils digitaux et démontrant pour certains, l'avènement d'un nouveau « capitalisme numérique »[3].

Si les attaques terroristes du 11 septembre 2001 ou du 13 novembre 2015 ont donné la légitimité aux États pour renforcer leur arsenal de collecte et de traitement des données, en priorisant la sécurité des sociétés au détriment de la liberté et de la vie privée, la Covid a suivi une dynamique similaire. Le recours généralisé à ces services numériques permettant à la fois le maintien d'un nombre important

---

[1] Allocution de Emmanuel Macron le 12 mars 2020.

[2] G. PITRON, « *L'enfer numérique, voyage au bout d'un like* », LLL, Les liens qui libèrent, septembre 2021.

[3] D. COHEN, « *La crise du coronavirus signale l'accélération d'un nouveau capitalisme : le capitalisme numérique* », propos recueillis par Antoine Reverchon, Le Monde, 2 avril 2020.

d'activités et la contenance de l'épidémie[1], n'a été rendu possible que par l'analyse de grandes masses de données sur la population afin d'obtenir des informations en temps réel pour prévoir les zones à risque.

La pandémie est donc devenue : le nouveau prétexte pour une diffusion massive et nombreuse de nos données personnelles.

Dans un premier temps, la création du pass sanitaire.

Il y a encore peu de temps, il était nécessaire de présenter ce passe-droit pour prendre un café, aller faire du sport, monter dans un avion ou entrer dans un magasin. Créé pour freiner la propagation de l'épidémie, son obtention était soumise à un certificat de vaccination complet ou un test antigénique/PCR négatif. Ce résultat permettait par la suite la création d'un QR Code ou 2D-DOC[2] contenant des données personnelles (nom, prénom, date de naissance) ainsi que des données de santé (le fait d'être vacciné, le type de vaccin, la date d'injection ainsi que le nombre d'injections). Cependant, ces données permettent de déduire des informations précises car le nombre d'injections révèle indirectement si vous avez été malade (dans ce cas une seule injection), ou si vous avez une déficience immunitaire (dans ce cas 4 injections).

En plus de ces données, le document 2D-DOC contient des méta-données[3] comme : la version, le type de document, l'émetteur du certificat de signature, l'identifiant de ce certificat, la date/heure de génération du document et le code-barres. Il est donc important de savoir que « lorsque vous scannez un QR (Quick Response) code, vous entrez dans l'engrenage d'un système de stockage compulsif qui collecte bien plus de vos informations personnelles que celles

---

[1] M. LANNA, « *Les données personnelles de santé, nouvelle composante de la prévention sanitaire ?* », Droit administratif - n° 6 Lexisnexis, juin 2020.

[2] Forme de QR Code créé pour lutter contre la fraude et sécuriser les données échangées entre l'usager et l'administration. Plus d'informations sur : <https://ants.gouv.fr/nos-missions/les-solutions-numeriques/2d-doc>.

[3] Les métadonnées sont des données qui permettent de compléter certaines données préexistantes donnant ainsi davantage de précision sur ces dernières comme le contexte, le lieu, l'heure, etc.

dont le produit a réellement besoin »[1]. Le principe de minimisation[2] crée par le RGPD, qui impose que les données collectées soient limitées à ce qui est nécessaire au regard des finalités pour lesquelles elles sont traitées, ne semble donc pas être respecté. La CNIL avait justement alerté que bien que "la crise sanitaire actuelle semble pouvoir justifier la mise en œuvre d'un tel dispositif ", via ce QR code, une personne malintentionnée pourrait accéder à l'intégralité des données personnelles et recommandait au public de ne pas exposer son QR code sur les réseaux sociaux, ou présenter son justificatif dans des lieux qui ne sont pas concernés par le pass sanitaire[3]. Également, Cyrille Dalmont, chercheur associé numérique à l'institut Thomas More, et Jean-Thomas Lesueur, délégué général au sein du même institut, expliquaient dans une tribune publiée dans Le Figaro que « *le Pass Sanitaire permet de savoir où sont exactement les citoyens, quand et avec qui. Demain personne n'est capable de nous dire qui aura accès à ces données !* »[4] Cela amène donc à remettre en question la mise en place d'un QR Code pour la gestion d'une crise sanitaire.

Dans un second temps, plusieurs applications ont vu le jour : StopCovid, TousAntiCovid puis TousAntiCovidVerif.

Reposant sur une démarche volontaire de téléchargement, ces différentes versions ont été éditées dans l'espoir d'une hausse de téléchargement.

En janvier 2022, le secrétaire d'État, Cédric O, a annoncé que l'application TousAntiCovid comptabilisait près de 50 millions de téléchargements[5]. Cependant, il faut souligner que cette augmentation s'explique par la création du pass sanitaire/vaccinal en format

---

[1] « Electric scooters are racing to collect your data", ACLU Northern California, 25 juillet 2018, accessible via : <https://www.aclunc.org/blog/electric-scooters-are-racing-collect-your-data>

[2] Prévu à l'article 5(c) et 25 du RGPD.

[3] Supra.

[4] Bastien L. Enquête : Pass sanitaire : Mais qui récupère nos données personnelles ?, 16 septembre 2021, Lebigdata.fr, accessible via : <https://www.lebigdata.fr/enquete-pass-sanitaire-donnees-personnelles>.

[5] FRANCEINFO, La matinale, 7 janv. 2022, accessible via <https://www.francetvinfo.fr/replay-jt/franceinfo/6h30-9h30/l-invite-du-6h30-9h30/jt-l-invite-de-la-matinale-vendredi-7-janvier-2022_4907781.html>.

numérique, permettant ainsi de faciliter l'accès aux lieux soumis à ce dernier et justifiant alors la hausse de téléchargement. Nous avons tous bien moins tendance à oublier notre téléphone qu'un morceau de papier contenant un simple QR code.

En revanche, ces applications se basent sur un système de traçage numérique des contacts, appelé *contact tracing*[1], qui grâce à la technologie Bluetooth, permet de déterminer si un individu a été en contact avec une personne infectée. L'idée principale est à la fois d'être alerté et d'alerter les autres en cas d'exposition à la Covid-19. Toutefois, il faut bien avoir à l'esprit que le dispositif de *contact tracing*, s'il peut être justifié par l'intérêt public, doit tout de même veiller au respect de la protection des données. Un équilibre doit alors être trouvé afin de pouvoir répondre au principe de proportionnalité. À ce propos, avant l'implémentation de ces applications, de nombreux acteurs nationaux tels que la Commission nationale consultative des droits de l'homme (CNCDH) avaient alerté le gouvernement dans un communiqué[2] en disposant que « *le recours à une application numérique telle qu'envisagée n'est pas acceptable en l'état au regard des risques d'atteintes aux droits fondamentaux, en particulier du droit à la vie privée* ».

Chacune de ces versions a suscité de nombreux questionnements. Tout d'abord, le code source de TousAntiCovidVerif n'a pas été dévoilé dans un premier temps[3] alors que cela avait été le cas pour les précédentes versions. Gaetan Leurent, chercheur à l'INRIA, a

---

[1] L'Organisation mondiale de la Santé définit le *contact tracing* comme le processus d'identification, d'évaluation et de prise en charge des personnes qui ont été exposées à une maladie afin de prévenir sa transmission ultérieure (World Health Organisation, Coronavirus disease (COVID-19): Contact tracing, 31 mai 2021, accessible via :
<https://www.who.int/news-room/questions-and-answers/item/coronavirus-disease-covid-19-contact-tracing>.

[2] CNCDH, Communiqué du 28 avril 2020, accessible via :
<https://www.cncdh.fr/fr/actualite/avis-sur-le-suivi-numerique-des-personnes>.

[3] M. GUILLOUX, « *Fausse bonne nouvelle : le code source de TousAntiCovid Verif publié, mais... il est incomplet et pire encore, sous licence propriétaire* », Developpez.com, 4 août 2021, accessible via :
<https://www.developpez.com/actu/317358/Fausse-bonne-nouvelle-le-code-source-de-TousAntiCovid-Verif-publie-mais-il-est-incomplet-et-pire-encore-sous-licence-proprietaire/>.

relevé que « la première version de TAC Verif envoyait tout le contenu du pass à un serveur central » au lieu de simplement effectuer une opération de vérification/lecture en local, sans conserver les données. En effet, connaître l'heure et la personne qui vérifie un pass, c'est déjà une information qui permet par exemple de savoir si une personne est allée voir un concert. Ensuite, les CGU de l'application indiquaient qu'« aucun transfert ou partage n'est réalisé lors du contrôle », or « si l'on essayait d'utiliser cette application en mode avion, elle ne fonctionnait pas »[1]. Cela soulève ainsi la problématique de savoir si ces données sont transmises à un serveur centralisé et si un traitement est réalisé. Également, l'informaticien Mathias Duhamel a découvert[2] que TousAntiCovid Verif s'appuyait (du moins dans sa version Android), sur certains composants appartenant à Google, notamment Firebase et des services Google Play, jugés *« assez opaques et aux conditions d'utilisation pas trop respectueuses des données personnelles »*. Ou encore, que l'habilitation des personnes autorisées à vérifier les pass sanitaires reposait simplement sur une « déclaration sur l'honneur » et qu'elles pouvaient effectuer ce contrôle sur n'importe quelle application permettant la lecture d'un QR Code, ne présentant donc pas forcément les garanties de l'application officielle. Enfin, l'ironie était lorsque l'on faisait une capture d'écran de notre pass sanitaire/vaccinal car c'était seulement après que la capture d'écran soit réalisée qu' un message d'interdiction s'affichait. Ainsi, cette liste non exhaustive de quelques dysfonctionnements qui ont suivi l'implémentation de ces différentes applications illustre le fait que les garanties nécessaires à la protection des données personnelles n'ont pas suffisamment étaient mise en œuvre, laissant ainsi place à de nombreuses dérives potentielles.

Tout cela soulève alors de nombreuses questions et nous amène à nous demander si nous devons craindre la mise en place d'un

---

[1] M. CHARTIER « *Données médicales et personnelles : le pass sanitaire et l'application TousAntiCovid Verif à l'épreuve* », Les Numérique, le 10 juillet 2021, accessible via : <https://www.lesnumeriques.com/vie-du-net/donnees-medicales-et-personnelles-le-pass-sanitaire-et-l-application-tousanticovid-verif-a-l-epreuve-n164805.html>.

[2] QUEST, « *Fin du pseudonymat dans TousAntiCovid et pass sanitaire un peu trop bavard* », Medium, 4 juin 2021, accessible via : < https://cq94.medium.com/la-fin-du-pseudonymat-dans-tousanticovid-932d50de11ee>.

système similaire à celui du crédit social chinois avec la création d'un fichier de renseignement massif comportant des informations sur chaque citoyen.

Le modèle du « crédit social » chinois reprend l'idée d'une « bonne conduite ». Ce système est basé sur un score supposé favoriser « l'amélioration » des comportements afin de « faire régner la confiance dans une société d'honnêtes gens ». Pour augmenter son score, les personnes doivent alors faire preuve de civisme en réalisant de « bonnes actions » comme donner son sang et à l'inverse, toute mauvaise action entraînera des lourdes conséquences comme le refus d'un prêt ou encore l'interdiction de prendre les transports publics. Ainsi, « être chinois de nos jours, c'est vivre dans une société de méfiance où toute opportunité peut dissimuler une escroquerie, où chaque geste généreux peut cacher un désir d'exploitation »[1]. Ce système de « crédit social » chinois a d'ailleurs profité d'une refonte pendant la pandémie permettant de récompenser les personnes pour un « *bon comportement pandémique* » et punir les « *mauvais comportements pandémiques* ». Deux chercheurs néerlandais ont par exemple découvert que des sanctions étaient infligées pour la vente de fournitures médicales à prix trop élevé ou encore pour enfreindre une quarantaine[2]. Un tel comportement pouvait valoir à une personne d'être placée sur liste noire, l'empêchant alors de voyager ou de travailler dans la fonction publique.

Dans un troisième temps, le télétravail.

La crise sanitaire de la Covid-19 a rendu obligatoire pour beaucoup d'entreprises le recours au télétravail[3]. La première conséquence réside dans une utilisation encore plus accrue des services numériques avec une production de données supplémentaires. Pour encadrer cette nouvelle forme de travail, les employeurs ont alors

---

[1] A. HAWKINS, "*Chinese Citizens Want the Government to Rank Them*", Foreign Policy, May 24, 2017.

[2] Supra.

[3] A-C.ANDRIEUX et V.LE BERT, « *Prospection, cloud : La CNIL livre les axes de contrôle pour 2022* », 22 mars 2022, HAAS Avocats, accessible via : <https://info.haas-avocats.com/droit-digital/prospection-cloud-la-cnil-livre-les-axes-de-controle-pour-2022>.

développé et mis en œuvre de nouveaux outils de surveillance et de contrôle afin de s'assurer que leurs salariés réalisent bien les heures obligatoires de travail quotidien. Le système « Teams »[1], développé par Microsoft, en est un bon exemple en ce qu'il indique par différentes couleurs le niveau d'activité du salarié : vert = disponible / actif ; rouge = occupé / ne pas déranger ; orange = apparaît absent / inactivité détectée ; blanc = déconnecté. Cela a d'ailleurs conduit des salariés à manipuler certains logiciels à des fréquences parfois ridicules, pour donner l'impression qu'ils travaillent. Par exemple, beaucoup savent qu'activer une vidéo sur YouTube vous permettra de rester actif (en vert) sur Teams.

Si la CNIL rappelle que l'employeur ne peut contrôler l'activité des salariés en télétravail seulement dans le cas où les dispositifs mis en œuvre sont strictement proportionnés à l'objectif poursuivi, et ne portent pas une atteinte excessive au respect des droits et libertés des salariés[2], il semble que désormais, la surveillance soit partout. Le salarié doit ainsi partager le moindre de ses mouvements à son employeur sous peine de mettre en péril sa vie professionnelle. Mais si la vie professionnelle s'immisce dans la vie privée, que reste-t-il de cette dernière ? La question de savoir où placer le curseur pour déterminer l'atteinte excessive au respect des droits et libertés des salariés semble donc problématique dans le télétravail.

Que ce soit le pass sanitaire, les applications de contrôle ou encore le télétravail, ces différentes mesures ont été instaurées dans le but de répondre à la crise sanitaire. Cependant, durant ces quelques mois hors du temps, ce sont de nombreuses données de santé qui ont été échangées. Des données extrêmement sensibles, et les mesures de sécurité nécessaires n'ont parfois, pas suffisamment été mises en place. Le site web Mediapart a découvert[3] une base de données contenant 700 000 résultats de tests Covid avec des informations

---

[1] Vidéo, « *Qu'est-ce que Microsoft Teams* », accessible via : <https://support.microsoft.com/fr-fr/office/vid%C3%A9o-qu-est-ce-que-microsoft-teams-422bf3aa-9ae8-46f1-83a2-e65720e1a34d>.

[2] Ibid, note 73.

[3] J. HOURDEAUX, « Covid-19 : Une fuite massive de résultats de tests antigéniques », 31 août 2021, Mediapart, accessible via : <https://www.mediapart.fr/journal/france/310821/covid-19-une-fuite-massive-de-resultats-de-tests-antigeniques>.

sensibles et confidentielles qui sont restées en libre accès durant plusieurs mois à cause d'une faille de sécurité sur la plateforme Francetest[1]. Notons que les données Francetest sont hébergées sur des serveurs cloud Amazon Aurora certifiés hébergeurs de données de santé et situés à Paris. Or, le CLOUD Act[2] autorise les autorités américaines à consulter ces données. Également, le 15 septembre 2021, les Hôpitaux de Paris (AP-HP) ont annoncé avoir porté plainte suite au vol de données personnelles d'environ 1,4 million de personnes ayant effectué un test de dépistage COVID-19 en Île-de-France. Ces données ont été volées « *à la suite d'une attaque informatique* ». Parmi les données en fuite, on compte « *l'identité, le numéro de sécurité sociale et les coordonnées des personnes testées* », et « *l'identité et les coordonnées des professionnels de santé les prenant en charge, les caractéristiques et le résultat du test réalisé* »[3]. Alors, si ces données n'avaient pas de valeurs, les hackeurs n'auraient pas perdu leur temps à trouver les failles de ces systèmes pour les exploiter.

S'en vient alors une guerre sans foi ni loi entre géants du numérique pour monopoliser la gestion de nos données de santé car ce qui intéresse ces entreprises c'est le profit : et la santé c'est de l'argent !

Pour cela, s'il y a encore peu de temps, Google était un moteur de recherche et Apple fabriquait des Ipod, désormais, Google a racheté la start-up Deepmind qui via une intelligence artificielle peut déterminer 50 maladies oculaires avec 94% de précision[4] ; Apple

---

[1] Cette plateforme transfère les données depuis les pharmacies vers le portail national SI-DEP, lui-même répertoriant les résultats positifs et négatifs des tests.

[2] Le Cloud Act « permet aux autorités américaines d'obtenir de toute société « de droit américain » détenant des *data centers* en dehors des États-Unis la divulgation de données, dans le cadre d'investigations criminelles, en s'adressant directement aux sociétés traitant ou conservant ces données », voir E. DAOUD, F. PLENACOSTE « *Cloud Act : des inquiétudes légitimes* » Dalloz IP/IT 2018, p. 680.

[3] « *Piratage de données de 1,4 million de personnes testées pour le Covid-19 : le parquet de paris a ouvert une enquête* », Le monde avec AFP, 15 septembre 2021, accessible via : <https://www.lemonde.fr/pixels/article/2021/09/15/covid-19-les-donnees-de-tests-de-1-4-million-de-personnes-derobees-aux-hopitaux-de-paris_6094806_4408996.html>.

[4] H. JALINIÈRE, « *L'intelligence artificielle DeepMind, de Google, peut détecter 50 maladies oculaires aussi bien que votre ophtalmo* », Sciences et avenir, 28 septembre 2018, accessible via : < https://www.sciencesetavenir.fr/sante/ia-et-sante-deepmind-google-bouscule-l-ophtalmologie_126994>.

développe des objets connectés pour surveiller nos moindres mouvements quotidiens ; la femme du fondateur de Facebook[1] veut révolutionner le domaine de la santé et tenter de guérir et d'éliminer toutes les maladies d'ici la fin du monde ; enfin Amazon, totalisant plus 181 millions de clients[2], a racheté l'entreprise « pill pack » qui envoie vos médicaments sous pilulier et son assistante vocale Alexa peut vous rappeler de prendre vos médicaments ou vous mettre en relation avec un médecin[3].

Aujourd'hui, les géants du numérique investissent tous dans le monde de la santé car consulter un moteur de recherche est notre premier réflexe dès que nous avons la moindre question sur notre santé. Cependant, à l'inverse de la diffusion de notre carte bancaire sur le Dark Net, nous ne pouvons faire opposition, demander un dédommagement ou changer de carte, nos données de santé sont uniques, individuelles, et une fois qu'elles sont divulguées, aucun retour en arrière n'est envisageable. C'est pourquoi il faut être extrêmement vigilant avec les informations que vous divulguez car vous n'aimeriez pas que votre cancer, dépression ou diabète puisse un jour se trouver à portée de clic de votre employeur, banquier ou de vos contacts sur les applications de rencontre[4].

Alors caméra thermique, vidéosurveillance augmentées, drone, fichier vaccin covid … le bilan semble assez volumineux. Si le contexte sanitaire a pu justifier ces mesures exceptionnelles, sous réserve d'être limitées dans le temps et que leur mise en œuvre s'avérait « nécessaire » pour lutter contre le rebond de l'épidémie de la Covid-19, nous sommes aujourd'hui incapable de quantifier la diffusion de nos données personnelles et, notamment, nos données de santé durant ces derniers mois, conduisant là encore, à l'effacement de notre vie privée.

Aujourd'hui, les Jeux olympiques 2024 sont le nouveau prétexte à cette surveillance masse et notre compréhension des enjeux est le signal d'alarme dont nous avons besoin.

---

[1] Chan Zuckerberg.

[2] A. DEFER, « *Amazon déclare avoir 181 millions de clients dans l'Union européenne* », Usine Digitale, 26 octobre 2023.

[3] Supra.

[4] Supra.

Troisième partie : Le réveil des consciences

1. Un compte à rebours enclenché

La poursuite d'un avenir favorisant la donnétisation à la préservation de la vie privée

Payer ses courses avec la paume de votre main,[1] un casque qui lit dans vos pensées pour satisfaire vos moindres désirs, est-ce de la fiction ? Malheureusement pour certains, ou heureusement pour d'autres, non et nous ne sommes qu'au début de ces nombreuses évolutions technologiques.

Les objets connectés feront partie intégrante de notre vie d'ici 2040 et « le monde comptera bien plus d'appareils, de données et d'interactions, reliant tous les aspects de la vie moderne et franchissant les frontières politiques et sociétales »[2]. Vous serez filmés et tracés en permanence sans même vous en rendre compte. Votre montre[3] ou vos lunettes de soleil[4] seront composées de micro-micro-caméras embarquées permettant ainsi de filmer constamment tout ce qui vous entoure. Les cookies disparaîtront, laissant place au nouveau projet « Topics » de Google, faisant suite à sa condamnation par la CNIL pour plus de 100 millions d'euros[5] pour non-

---

[1] Amazon One est la dernière innovation d'Amazon pour ne plus avoir à sortir sa carte bancaire ou son téléphone portable pour payer et sortir des magasins. Il vous suffit de présenter la paume de votre main qui sera automatiquement associée à votre compte Amazon sur lequel un débit automatique de votre carte bancaire sera effectué.

[2] Supra.

[3] G. HUSSON, « *La montre connectée de Meta avec des caméras pour le métavers aurait finalement* », FRANDROID, 9 juin 2022, accessible sur : <https://www.frandroid.com/marques/meta/1361233_la-montre-connectee-de-meta-avec-des-cameras-pour-le-metavers-aurait-finalement-ete-annulee>

[4] K. HIOT, « *Meta et Ray-Ban lancent les lunettes connectées Stories en France à à partir de 329€* », Les numériques, 14 avril 2022, accessible sur : <https://www.lesnumeriques.com/accessoire-pour-smartphone/meta-et-ray-ban-lancent-les-lunettes-connectees-stories-sur-le-marche-francais-n178547.html>.

[5] CNIL, « *Cookies : La CNIL sanctionne GOOGLE à hauteur de 150 millions d'euros et FACEBOOK à hauteur de 60 millions d'euros pour non-respect de la loi* », CNIL, 06 janvier 2022, accessible sur : <https://www.cnil.fr/fr/cookies-la-cnil-sanctionne-google-hauteur-de-150-millions-deuros-et-facebook-hauteur-de-60-

respect de ses obligations en matière de recueil du consentement de ses utilisateurs pour le dépôt de cookies. L'idée : établir un nouveau système dans lequel l'internaute a la main sur son profil publicitaire lui permettant de supprimer, modifier ou même totalement désactiver certaines fonctionnalités. Cependant, de nombreux doutes subsistent quant aux réelles intentions de la société depuis qu'un projet similaire, « Floc », avait été mis en place, puis jugé comme irrespectueux des droits et libertés par l'autorité de la Concurrence britannique car devenu encore plus intrusif que le système des cookies. Il se basait directement sur les données de navigations des individus pour présenter des publicités ciblées.

Si vous vous inquiétez pour votre vie privée, l'arrivée du Métaverse balayera cette notion. Bien que ce phénomène d'univers virtuel immersif tend à s'imposer comme l'une des « révolutions » majeures à venir, toutes vos interactions ou propos tenus sur cette plateforme seront directement et en permanence analysés, inventoriés et conservés[1]. Cela suscite de nombreuses polémiques car une semaine après son lancement en version « bêta » (sur invitation uniquement), une utilisatrice avait indiqué que son avatar virtuel aurait subi des attouchements par l'avatar d'un inconnu. Mais les objectifs de cette invention ne s'arrêtent pas là. Dans une interview récente avec Lex Friedman[2], Mark Zuckerberg a révélé que le métavers pourrait permettre de dialoguer avec ses proches décédés grâce à une nouvelle technologie de son entreprise pour scanner les visages des utilisateurs et créer des modèles virtuels en 3D. C'est donc tout simplement un nouveau moyen d'interpréter la pensée humaine sans avoir à implanter un processeur dans votre cerveau. Grâce à vos expressions et interactions, vous fournirez à Meta la possibilité d'analyser votre état émotionnel et psychologique en temps réel, et avec précisions.

---

millions#:~:text=La%20CNIL%20a%20constat%C3%A9%20que,un%20d%C3%A9lai%20de%20trois%20mois>.

[1] E. PAPIN, « *Ballade juridique dans le métavers : retour à une réalité pas virtuelle* », Le monde du droit, 4 avril 2022, accessible sur : <https://www.lemondedudroit.fr/decryptages/80801-ballade-juridique-metavers-retour-realite-pas-virtuelle.html>.

[2] L. Fridman, « *Mark Zuckerberg: First Interview in the Metaverse | Lex Fridman Podcast #398* », Youtube, 28 septembre 2023.

Cependant, il faut garder à l'esprit que la réalité virtuelle n'atténuera en rien les problèmes que suscitent aujourd'hui les nouvelles technologies et viendra bien au contraire, « amplifier les phénomènes toxiques que nous connaissons déjà en matière de réseaux sociaux »[1].

La volonté d'un humain augmenté

Depuis plus d'une décennie, les chercheurs ont pour défi de reproduire le cerveau car il « représente une belle machine»[2]. Ces dernières années, cela a pris sens.

En 2022, un ingénieur de Google, Blake Lemoine, avait révélé au Washington Post qu'un outil d'intelligence artificielle de l'entreprise, appelé LaMDA (Language Model for Dialog Applications), se considérait comme une personne sensible et aurait développé des sentiments humains[3]. Si l'entreprise n'a pas souhaité s'étendre sur le sujet, elle a en revanche suspendu le salarié pour avoir dévoilé des informations confidentielles[4]. Cela fait d'ailleurs écho au récent scandale suite au licenciement puis à la réintégration deux jours plus tard, du PDG d'OpenAI, Sam Altman. En cause, la création d'une nouvelle intelligence artificielle nommée Q* qui s'approcherait, voir supplanterait l'intelligence humaine. Cependant, à ce jour, rien n'a encore été confirmé. Elon Musk a quant à lui présenté l'Optimus, le premier robot humanoïde mesurant 1,73m pour 56,7kg, pouvant

---

[1] J. JACQUET, « *L'agression d'une utilisatrice de Horizon Worlds souligne la difficile modération des comportements dans le Métavers* », IREDIC, 27 janvier 2022, accessible sur :
<http://www.iredic.fr/2022/01/27/lagression-dune-utilisatrice-de-horizon-worlds-souligne-la-difficile-moderation-des-comportements-dans-le-metavers/>.

[2] W. S CULLOCH, W. PITTS, "*A Logical Calculus of the Ideas Immanent in neural Nets*", Bulletin of Mathematical Biology, vol. 52, 1943.

[3] M. BALU, « *Un ingénieur de Google avertit qu'une intelligence artificielle est "consciente* », Huffpost, 13 juin 2022, accessible sur :
<https://www.huffingtonpost.fr/entry/un-ingenieur-de-google-mis-a-pied-apres-avoir-averti-quune-ia-etait-consciente_fr_62a72448e4b04a617351c8c6>.

[4] J. RIZZO, « *Google suspend un ingénieur affirmant que son intelligence artificielle a une "conscience"* », BFM, 13 juin 2022, accessible sur :
<https://www.bfmtv.com/tech/google-licencie-un-ingenieur-affirmant-que-son-intelligence-artificielle-a-une-ame_AN-202206130557.html>.

soulever une charge de 68kg et marcher à 8km/h, pour « répondre aux besoins d'un monde créé par et pour les humains », afin de remplacer l'humain sur des tâches répétitives et pénibles[1]. Il ambitionne également de développer avec sa société Neuralink une puce capable de démultiplier la puissance du cerveau humain[2].

Tout cela tend finalement à vouloir basculer dans le courant du transhumanisme, « un mouvement qui, en s'appuyant sur les progrès de la biologie et de l'intelligence artificielle, défend l'idée de transformer ou dépasser l'homme pour créer un post-humain, ou un transhumain, aux capacités supérieures à celles des êtres actuels. »[3] Ce courant ambitionne de pallier aux déficiences de l'être humain, à ses problèmes de santé ou encore à ses faiblesses. Il serait donc question de ne plus vivre le vieillissement ou encore la fatigue et dépasser l'être humain tel qu'il est aujourd'hui. C'est en ce sens que « le transhumanisme prétend utiliser les progrès de la science et de la technique pour transformer l'homme et lui permettre de dépasser ses limites biologiques, voire pour lui assurer une sorte d'immortalité (utopie mortifère prônée par les deux fondateurs du moteur de recherche *Google)* »[4].

---

[1] F. MAUSSION, « *Tesla : qui est Optimus, le mystérieux robot humanoïde d'Elon Musk?* », Les Echos, 31 janvier 2022, accessible sur : <https://www.lesechos.fr/industrie-services/automobile/tesla-qui-est-optimus-le-mysterieux-robot-humanoide-delon-musk-1383246>.

[2] E. BACK, « *Le projet Neuralink d'Elon Musk inquiète beaucoup les scientifiques* », Futura Tech, 2 février 2022, accessible sur : <https://www.futura-sciences.com/tech/actualites/intelligence-artificielle-projet-neuralink-elon-musk-inquiete-beaucoup-scientifiques-95495/>.

[3] J. MARIANI, D. TRITSCH, « *Transhumanisme : de l'illusion à l'imposture* », CNRS Le journal, accessible via <https://lejournal.cnrs.fr/billets/transhumanisme-de-lillusion-a-limposture#:~:text=Le%20transhumanisme%20est%20un%20mouvement,%C3%A0%20celles%20des%20%C3%AAtres%20actuels>.

[4] P. LE TOURNEAU, *Contrats du numérique*, Chapitre 011 Prolégomènes, Dalloz référence, 2021/22.

Cependant *Chatbot*[1], *Deep fake*[2], *Dead boot*[3], toutes ces nouvelles « formes de vie » qui tendent à reproduire ou augmenter l'Homme vers des perspectives insoupçonnées, laissent craindre l'effacement total de la vie privée au profit de la donnétisation.

L'émergence d'une pseudo-conscience éthique comme pommade à la manipulation

Entrée, plat ou dessert, désormais l'éthique se mange à toutes les sauces et apparaît comme une nouvelle mode justifiant la mise en place de systèmes technologiques souvent attentatoires à nos libertés fondamentales.

Dans le but d'empêcher les robots de nuire à l'homme et de réguler leur comportement, Isaac Asimov a imaginé une norme éthique sous la forme d'un algorithme (Les Trois Lois de la robotique[4]). Ce « guide de référence » est repris aujourd'hui par les principaux promoteurs de l'Intelligence Artificielle (IA) tels que les GAFAM pour promouvoir un développement éthique de l'IA[5]. Ces nouvelles normes peuvent être considérées comme du droit souple car aucune d'entre elles n'a la forme d'une charte contraignante telle que la Charte des droits fondamentaux. Cependant, bien que l'un des traits de caractère du droit souple est d'être réactif et évolutif pour s'adapter aux besoins réels des acteurs de l'intelligence artificielle, tout en étant favorable à l'innovation, comme l'a souligné le Conseil

---

[1] Un programme informatique capable de simuler une conversation avec un ou plusieurs humains par échange vocal ou textuel.

[2] Le deepfake utilise l'intelligence artificielle afin de modifier une image, une vidéo ou un son en vue de tromper les internautes

[3] À ce propos, « Microsoft vient d'obtenir un brevet pour un agent conversationnel qui reproduit la manière d'écrire ou de parler d'une personne spécifique. L'intelligence artificielle analyserait ses messages et publications pour créer un indice de la personnalité », voir E. BACK, « *Microsoft veut faire parler les morts* », Futura Tech, 25 janvier 2018, accessible sur : <https://www.futura-sciences.com/tech/actualites/intelligence-artificielle-microsoft-veut-faire-parler-morts-85345/>.

[4] I. ASIMOV, « *Les Robots et l'Empire* », J'ai lu, 2001.

[5] D. FOREST, « *La régulation des algorithmes, entre éthique et droit* », Revue lamy droit de l'immatériel, no 137, 1er mai 2017.

d'État[1], l'éthique cache en réalité un faux-semblant. L'éthique se veut comme une « science de la morale »[2], une initiative qui repose principalement sur des proclamations générales et volontairement floues, pour apaiser les craintes autour des activités d'intelligence artificielle et la rendre socialement plus acceptable[3]. Il est donc préférable pour ces géants du numérique de choisir la voie de l'éthique, une notion relative, non contraignante, leur permettant de mettre en place l'autorégulation afin d'établir leurs propres normes et d'en assurer le respect et la sanction, plutôt que de respecter parfaitement le droit positif, davantage plus contraignant.

Lors de l'entrée en bourse de Google, l'autorégulation[4] a été pleinement inscrite au sein du gouvernement et des milieux d'affaires comme étant le seul et unique outil « vraiment efficace » pour mettre en place une réglementation sans coercition et l'antidote à tout penchant.

Dans cette perspective, Google a publié en juin 2018 une liste de « sept grands principes » pour expliquer comment, l'intelligence artificielle doit bénéficier à la société[5]. On y retrouve la bienfaisance (recherche d'un maximum d'utilité sociale) ; la non-malfaisance (obligation de ne pas faire ou causer de mal) ; l'autonomie (un individu doit pouvoir décider soi-même) ; le principe de justice ou encore le principe d'explicabilité et de transparence, etc.

Cependant, l'autorégulation peut être perçue comme une norme privée fonctionnant en circuit fermé créant la recherche d'« *un légalisme dans le refus de la légalité* » qui signerait « *la faillite de*

---

[1] Une telle approche est « susceptible de diminuer le volume des textes réglementaires, d'accroître leur stabilité et de faciliter l'innovation », voir CE, *Rapport annuel*, 2013 ; également A. BENSAMOUN, G. LOISEAU, « *La gestion des risques de l'intelligence artificielle. De l'éthique à la responsabilité* », *JCP* G 2017.
[2] Définition du dictionnaire Littré.
[3] N. FRICERO, « *Intelligence artificielle – Algorithmes et nouvelle génération de droits humains* », JCP G 2018, 1331.
[4] J. SHORT, « *The Paranoid Style in Regulatory Reform* », Hastings L.J. 633, 2012.
[5] A. BENSAMOUN, G. LOISEAU, « *Droit de l'intelligence artificielle* », LGDJ, p.9-35.

l'État-garant »[1]. De plus, rien ne permet de s'assurer que l'usage final sera lui-même conforme à ces prescriptions.

Les deux dangers majeurs à l'élaboration de ces chartes sont donc l'ineffectivité, car elles ne sont pourvues d'aucun degré de contrainte, mais aussi l'illicéité, car cela peut être l'occasion pour ces entreprises de proposer des normes qui « si elles étaient contraignantes, seraient des normes non conformes à des normes supérieures »[2].

Ainsi, n'oublions pas que « l'éthique propose mais le parlement dispose ».

2. Les risques sous-jacents

Le manque de sécurité

150 millions d'euros, 60 millions d'euros, 30 millions d'euros : Voilà les montants des dernières amendes infligées aux entreprises dévoreuses de notre vie privée, qui, si elles n'avaient rien à cacher, ne seraient pas autant sanctionnées.

Aujourd'hui, les utilisateurs ne perçoivent pas les risques sous-jacents à l'utilisation de ces systèmes car le dommage instantané est minime par rapport aux atteintes qui peuvent en découler. Ils font un ratio entre l'utilité des services numériques qui facilitent leur vie, et l'inconvénient « secondaire » de la divulgation de leurs données. Le choix étant rapidement fait car ils considèrent qu'ils « n'ont rien à cacher ». Or, ils ne réalisent pas à quel point leur vie privée est une mine d'or et que plus les personnes sont surveillées, moins la sphère de leur vie privée est importante.

Depuis la suppression de l'arrêt Roe VS Wade qui laisse la possibilité à chaque État d'interdire ou non l'avortement, des applications de suivi d'ovulation ont été utilisées pour lancer des poursuites

---

[1] P. LEGENDRE, *Sur la question dogmatique en Occident*, Fayard, Paris, 1999, p.172.
[2] Ibid.

contre des femmes s'étant fait avorter aux États-Unis. L'application de rencontres Grindr dédiée aux personnes gays, bi, trans et queer a illégalement divulgué les données de ses utilisateurs à des fins de ciblage publicitaire et des prêtres ont vu leur homosexualité dévoilée. Ou encore, le mardi 17 octobre 2023, un pirate informatique se faisant appeler Golem, a divulgué les données de quatre millions d'utilisateurs de la société 23ANDME qui consiste à analyser l'ADN d'une personne pour découvrir ce qu'il dit de lui et de sa famille.

Bien que certaines entreprises essaient de sécuriser vos données au maximum, le risque zéro n'existe pas et tout cela n'est qu'un infime exemple de ce qu'il se passe chaque jour sur le darkweb, comme dans la réalité, car vos données ont bien plus d'importance que ce que vous pouvez imaginer.

Ainsi, toutes ces applications ont le même but : vous proposer un service qui vous sera spécifique et bénéfique. Cependant, beaucoup de créateurs pensent soit aux revenus élevés qu'ils peuvent tirer par le partage (très souvent illégal) de vos données avec d'autres tiers, soit ne prennent pas en considération les enjeux qui peuvent en découler et ne mettent pas en place les garanties nécessaires pour proposer un service sécurisé.

Je réitère mes propos des chapitres précédents mais qui d'entre vous aimerait que votre futur employeur connaisse vos opinions politiques (accès à votre localisation pour savoir si vous étiez présent à une manifestation), vos orientations sexuelles (en fonction de vos inscriptions sur tel ou tel site de rencontres) ou alors que votre assureur ne vous indemnise pas un traitement chez votre dentiste car au lieu d'utiliser votre brosse à dents connectée qui recense chacun de vos brossages, vous avez choisi ces derniers jours votre brosse à dents manuelle car l'électrique n'avait plus de batterie ?

Toutes ces répercussions qui peuvent vous sembler impensables, sont plus que jamais aujourd'hui faciles à mettre en œuvre et très probablement, les nouvelles pratiques de demain.

Faites ce que je dis, pas ce que je fais

Les entrepreneurs de la Silicon Valley placent leurs enfants dans des établissements *tech-free* (sans technologie). Relisez cette phrase. Les entrepreneurs de la Silicon Valley placent leurs enfants dans des établissements *tech-free* (sans technologie). N'y voyez-vous pas là un énorme paradoxe ?

Obnubilés par les inventions, leurs créateurs en oublient les normes éthiques et légales pour s'aventurer vers des zones d'ombre et mettre à disposition des outils liberticides. Cependant, ce sont les premiers, une fois après les avoir mis sur le marché, à nous avertir de leur danger. Elon Musk et des centaines d'experts mondiaux ont réclamé une pause de six mois dans la recherche sur les IA puissantes, en évoquant « des risques majeurs pour l'humanité ». Sam Altman, l'un des fondateurs d'Open-AI, multiplie aussi régulièrement les mises en garde, craignant que l'IA ne « cause de graves dommages au monde ». Ou encore, Tim Berners-Lee, le père de l'Internet, a lancé une fondation, la World Wide Web Foundation pour soutenir son regret d'avoir créé internet.

Alors si même les créateurs appellent à modérer l'utilisation de leurs propres inventions, ne serait-il pas le moment de se soucier réellement de ces systèmes, puisqu'eux-mêmes ne sont pas capables d'envisager les risques avant de les diffuser ?

Appel à la régulation

Bien que le rôle des régulateurs soit d'encadrer l'utilisation de ces interfaces liberticides, le système réglementaire actuel ne permet pas de suivre l'évolution exponentielle de la technologie.

Premièrement, l'hébergement des données (le *Cloud*[1]*)*. Bien que vous soyez basé en France et que vous utilisez un service en France

[1] Défini par la CNIL comme faisant référence à « l'utilisation de la mémoire et des capacités de calcul des ordinateurs et des serveurs répartis dans le monde entier et liés par un réseau. Les applications et les données ne se trouvent plus sur un ordinateur déterminé mais dans un nuage (*cloud*) composé de nombreux serveurs distants interconnectés », accessible sur le site officiel de la CNIL.

ou français, vos données ne sont pas toujours hébergées dans ce même pays. Cela signifie donc que le pays dans lequel vos données sont hébergées n'offre peut-être pas le même niveau de garantie que le pays dans lequel vous utilisez ce service. Par exemple, beaucoup de plateformes transfèrent vos données aux États-Unis. Pays qui propose moins de garanties concernant la protection de vos données car ils n'ont pas d'équivalent au RGPD. Si une récente décision d'adéquation entre l'Union européenne et les USA concernant le transfert de données a été adoptée[1], celle-ci va très probablement être invalidée d'ici peu au regard de la détermination du célèbre activiste Max Schrems, qui invalidé les deux précédentes décisions d'adéquation[2] relatives au transfert des données entre l'Europe et les États-Unis.

Aujourd'hui les principaux hébergeurs sont Amazon et Microsoft. Google a également annoncé sa volonté de s'imposer dans la guerre des Clouds français[3]. En France on retrouve OVH mais son chiffre d'affaires est malheureusement dérisoire par rapport à celui des « hyperscalers »[4]. Cette domination pose ainsi d'évidentes questions concernant la protection des données, et particulièrement celle des données sensibles telles que les données de santé. D'autant plus depuis l'adoption du Cloud Act aux États Unis qui permet « aux autorités américaines d'obtenir de toute société « de droit américain » détenant des *data centers* en dehors des États-Unis la divulgation de données, dans le cadre d'investigations criminelles, en s'adressant directement aux sociétés traitant ou conservant ces données »[5]. Cette loi permet alors aux autorités américaines la possibilité d'obtenir des informations sur les données de certains Français, et notamment des données de santé. C'est pourquoi à juste titre, le choix de Microsoft comme hébergeur de données de santé dans le cadre du projet de Health Data Hub a suscité de nombreuses

[1] EU-US Data Privacy Framework, juillet 2023.
[2] Le Safe Harbour et le Privacy Shield.
[3] *Rendez-vous le 30 juin pour en savoir plus sur la région France de Google Cloud!*, Google, accessible sur : < https://cloud.google.com/blog/fr/topics/evenements/la-nouvelle-region-france-de-google-cloud>.
[4] Les hyperscalers comprennent Amazon Web Services, Microsoft Azure et Google Cloud.
[5] E. DAOUD, F. PLENACOSTE « *Cloud Act* : des inquiétudes légitimes » Dalloz IP/IT 2018, p. 680.

polémiques. On retrouve aussi ces mêmes questions concernant l'utilisation de TikTok car la plateforme est accusée de partager vos données avec le parti communiste chinois.

Pour répondre à ces enjeux, et dans le but d'acquérir une souveraineté numérique européenne, le projet « Gaia-X », adopté le 26 mai 2018[1] et toujours en cours d'évolution. Il est perçu comme « la promesse d'un cloud européen souverain, la possibilité de faire sans les Gafam »[2] et permettrait de fédérer les services de cloud autour de valeurs communes à définir, de faciliter les échanges de données entre entreprises d'un même secteur et établir des standards d'interopérabilité des infrastructures.

Ainsi, comme l'essentiel de notre économie dépend de services américains et que nous ne sommes pas à l'abri qu'un jour les États-Unis nous menacent de nous retirer ces services si nous ne les suivons pas dans un conflit, il faut prendre dès à présent conscience de l'importance du sujet et s'en imprégner davantage. Parler de souveraineté ne suffit plus, il faut la mettre en œuvre.

Deuxièmement, le cadre règlementaire. Pour contrer l'immixtion sans limite des nouvelles technologies dans notre vie privée, il est essentiel d'établir un cadre réglementaire strict. Méta a récemment déposé un brevet pour une invention lui permettant d'utiliser nos expressions humaines grâce aux casques connectés afin de déterminer nos comportements sur telle ou telle situations que nous vivrons dans le Métavers. Quid de la collecte de ces neuro-droits ? Le Chili a déjà posé des limites claires à l'expérimentation scientifique en insérant dans sa Constitution la protection des « neuro-droits » et en interdisant toute tentative de manipulation ou prise de contrôle du cerveau[3]. Le comité international de bioéthique (CIB) de l'OCDE a rendu quant à lui en août 2021, un rapport sur les « enjeux éthiques des neurotechnologies », recommandant de reconnaître et protéger

---

1 Supra.

2 A. CHERKI, « *Gaia-X, ou les illusions perdues d'un cloud européen* », Contexte, 30 mai 2022, accessible via : <https://www.contexte.com/actualite/e-sante/gaia-x-ou-les-illusions-perdues-dun-cloud-europeen-article-offert_151319.html>.

3 Thomas, « *Une Extraordinaire Innovation Juridique : Le Chili insère la Protection des « Neuro-Droits » dans sa Constitution !* », 360 planètes, accessible sur : https://planetes360.fr/une-extraordinaire-innovation-juridique-le-chili-insere-la-protection-des-neuro-droits-dans-sa-constitution/.

les « neuro-droits » conçus comme des droits de l'homme incluant notamment un droit à l'intimité mentale, pour contrer les risques d'immixtion non consentie[1]. Cela illustre donc parfaitement la nécessité que l'encadrement de ces services soit le plus large possible pour avoir une meilleure appréhension/réglementation des utilisations futures possibles.

Cependant, ces discussions sont très longues et le règlement sur l'intelligence artificielle[2] qui vient réaffirmer la vision européenne souhaitant « un écosystème d'excellence et de confiance » avec une approche fondée sur les risques (faibles, élevés ou inacceptable), comme que le Data act[3], qui souhaite établir « un accès juste » aux données industrielles et permettre une nette augmentation du volume de données industrielles disponibles[4], en sont des bons exemples.

Il ressort donc que le créateur, comme les pouvoirs publics ne sont pas toujours à même de cerner les enjeux qui peuvent découler de l'utilisation de ces services et que l'utilisateur, pièce maîtresse de la survie de ces systèmes, doit également veiller à comprendre et en faire bon usage.

---

[1] « *Neurotechnologies: un nouvel appel à légiférer* », Éditions législatives, 21 mars 2022, accessible sur : <https://www.editions-legislatives.fr/actualite/neurotechnologies-un-nouvel-appel-a-legiferer>.

[2] Règlement (EU) 2024/1689.

[3] Règlement (EU) 2023/2854.

[4] EUROPEAN COMMISSION, « *Data Act: Proposal for a Regulation on harmonised rules on fair access to and use of data* », 23 février 2022, accessible sur : <https://digital-strategy.ec.europa.eu/en/library/data-act-proposal-regulation-harmonised-rules-fair-access-and-use-data>.

3. Reprendre le contrôle c'est comprendre

Comprendre pour maîtriser

Edward Snowden[1], Frances Hugens[2], Christopher Wylie[3], voici les noms des trois lanceurs d'alerte les plus célèbres de l'histoire. Et pourtant, la surveillance de masse ne s'est jamais aussi bien portée.

Plus vous comprendrez l'importance de protéger vos données, mieux vous pourrez maîtriser leur collecte. Être arrivé jusqu'à ce chapitre en est déjà un bon début.

Comme nous l'avons développé tout au long de ce livre, les entreprises qui possèdent vos données vous connaissent mieux vos proches, votre famille, votre conjoint et parfois, mieux que vous-même. Vous n'avez plus aucun secret et êtes complètement à nu. Cependant, vous et vous seule fournissez les clés pour vous déshabiller. Répertoire téléphonique, photos, localisation, applications de rencontre, tels des petits poucets, vous semez toutes vos données. En revanche, cette fois-ci, les oiseaux ne viendront pas manger vos données pour effacer vos traces car tout est désormais conservé, archivé et demain ce seront des personnes sans foi ni loi qui n'hésiteront pas à exploiter, à leur avantage, vos moindres erreurs de jeunesse.

Il faut ainsi se rendre compte de cette dépendance avant que la prophétie technocratique saint-simonienne du « remplacement du gouvernement des hommes par l'administration des choses » ne se réalise et que nos pensées, émotions, sentiments ne soient à l'avenir qu'une suite de 0 et de 1[4]. Les robots ne doivent nous remplacer que dans les tâches qui se déshumanisent et qui sont chronophages et on ne doit utiliser l'intelligence artificielle qu'à condition qu'elle crée de « l'indépendance et non de la dépendance ». Raphael Einthoven, philosophe, a d'ailleurs souhaité prouver que (pour l'instant), la machine ne peut penser comme l'homme en gagnant sur une

---

[1] Espionnage des données Google, Microsoft, Facebook par la NSA et par le CGHQ.
[2] Facebook.
[3] Cambridge Analytica.
[4] Plus petite unité de stockage en informatique quantique.

épreuve de baccalauréat contre ChatGPT sur le sujet " le bonheur est-il affaire de raison?". En revanche, notons que ChatGPT aurait réussi le Test de Turing[1].

Ce réveil des consciences doit donc être fait aussi bien par les créateurs, que les utilisateurs. Ces derniers devant être remis au centre et nous devons considérer que leur ignorance les empêche de contrôler la pertinence de leurs opérations, augmentant ainsi le risque d'utilisation abusive de leurs informations[2]. Cependant, il reste encore beaucoup de travail à faire sur la conscience qu'a l'individu de ses propres données car une étude réalisée au printemps 2020 a révélé que 86% des Français n'ont « aucune idée » du nombre d'entreprises qui utilisent, stockent ou accèdent à leurs données personnelles[3].

Liberté, Égalité, Vie Privée

La vie privée est le socle de la démocratie, une condition essentielle à la jouissance de nos droits et libertés fondamentales[4] qui regroupe les garanties nécessaires à notre développement personnel.

Ce « *droit à être laissé tranquille* »[5] est un droit fondamental. Dans l'ère où certains états interdisent l'avortement et qu'il est possible d'influencer des élections présidentielles, il est plus que jamais crucial, d'offrir des garanties suffisantes.

Vous devez pouvoir mettre en place des mesures pour protéger votre vie privée. Strava propose par exemple de masquer les cinq-cents mètres de départ et d'arriver de vos courses pour ne pas divulguer

---

[1] Expérience proposée en 1950 par Alan Turing qui consiste à deviner si la réponse à une question provient d'un être humain ou d'un ordinateur.

[2] C. CASTETS-RENARD, « *Traitement algorithmique des activités humaines : le sempiternel face à face homme / machine* », Cahier Droit, Science & Technologie, 2016, p.242.

[3] F. MATEO, « *La mort de la vie privée – Télésurveillance et données personnelles : Le nouvel or noir* », p134, Denoel, février 2022.

[4] Y. POULLET, « *La vie privée à l'heure de la société numérique* », Centre de recherche information droit et société, 2019, p53-95.

[5] Dès 1890, les juristes américains Louis Brandeis et Samuel Warren inventent ce droit en réaction à la presse.

avec exactitude l'adresse de votre domicile. À l'inverse, refuser de donner votre consentement pour certaines fonctionnalités ne devrait pas vous pénaliser pour utiliser un service. Tel est le cas de la montre connecté Fit Bit, qui si vous ne consentez pas à ce que vos données soient transférées en dehors de l'Union européenne, vous devez supprimer votre compte et ne pouvez plus utilisez ce gadget.

Également, il nécessaire d'imposer un caractère « sain » dans la construction de ces interfaces. Elles doivent reposer plus qu'elles ne sollicitent et limiter les notifications à un strict minimum. Des inégalités ne doivent pas non plus se creuser, avec ceux qui auront accès à la déconnexion.

Alors même si le dommage instantané perçu est faible par rapport aux bénéfices immédiats que vous ressentez, seriez-vous prêt à payer la prochaine fois le prix réel de l'utilisation de vos données ?

CONCLUSION

Je crois en l'amour, la joie, la tristesse, la colère et bien d'autres sentiments encore qui ne peuvent être retranscrits dans une ligne de code.

Les technologies sont de plus en plus spectaculaires et proposent des outils qui facilitent énormément la vie. Elles nous font gagner un temps considérable sur de nombreuses tâches qui étaient jusqu'à présent très chronophages. Cependant, elles permettent également d'avoir accès à une multitude de données auparavant inimaginables et notre cerveau est devenu un « vulgaire périphérique » susceptible d'être piraté, scruté ou contrôlé. Nous sommes les sujets d'une course effrénée aux données, créant une nouvelle forme de connaissance et permettant aux industries comme aux gouvernements, la création de moyens de surveillance et de contrôle des populations sans précédent. Nos identités comme nos comportements, sont devenues de simples marchandises sur le juteux marché des données. Tout cela conduisant inévitablement, à l'effacement de notre vie privée.

Dois-je rappeler que nos libertés fondamentales ont été acquises par le biais de nombreuses luttes de pouvoir et qui bien qu'aujourd'hui, sont garanties par l'État, ont été acquises contre l'État. Alors quel signal d'alarme attendons-nous pour réagir ? Black Mirror doit rester une dystopie.

La construction du futur se passe maintenant et si nous ne prenons pas en compte dès à présent les enjeux que représentent ces nouvelles technologies, nous finirons par être dépassés par quelque chose que nous avons créé.

Il est dès lors temps de comprendre l'influence de l'intelligence artificielle sur nos modes de vie et s'en préserver au risque de voir l'humanité céder progressivement la place à la machinité[1]. Nous devons lutter pour continuer d'être libres, car la différence est ce qui permet de distinguer chaque être humain. Nous devons pouvoir continuer à imaginer, rêver, contredire, dérégler la routine ou le

---

[1] B. BARRAUD, « *L'intelligence artificielle – Dans toutes ses dimensions* », L'Harmattan, 2020, p287.

sérieux, aimer invraisemblablement, essayer, échouer et recommencer afin de ne pas nous inscrire comme des êtres singuliers évoluant au sein d'un ensemble commun. Les blessures nous font grandir, l'échec est le propre de l'être humain et prendre le mauvais chemin est parfois la meilleure chose qui puisse vous arriver.

– ANNEXE –
CONSEILS POUR PROTÉGER SA VIE PRIVÉE SUR INTERNET

À l'issue de la lecture de ce livre, vous aurez donc compris que votre identité et les informations vous concernant doivent être préservées.

Plutôt que de tomber dans la radicalité en vous désinscrivant totalement des réseaux sociaux, voici quelques conseils à mettre en place pour préserver une certaine confidentialité :

- *Faites le tri*

Supprimez vos comptes puis les applications dont vous ne vous servez plus.

L'application JUSTDELETE.ME permet de vous indiquer le nom du site ou service en ligne que vous n'utilisez plus. L'avantage est que le site vous indiquera la complexité de la procédure pour supprimer vos informations personnelles et vous redirigera directement vers la page servant à enregistrer la demande de suppression du compte.

- *Désactivez les notifications non nécessaires*

Désactivez tous les sons et notifications qui ne vous semblent pas essentielles. Elles sont extrêmement nuisibles à votre santé mentale et vous incitent à vous concentrer en permanence sur des contenus extérieurs et non sollicités.

- *Pensez à éteindre votre téléphone*

Lorsque vous ne vous en servez pas, éteignez votre téléphone. La plupart des applications continuent de transmettre vos données de géolocalisation même lorsque vous coupez la wifi ou activez le mode avion.

- *Refusez les cookies*

Prenez le temps de cliquer sur « ne pas accepter » lorsque vous n'avez pas besoin que le site enregistre et mémorise votre activité.

- *Utilisez un VPN*

L'usage d'un VPN (Virtual Private network) permet d'anonymiser les connexions par le biais d'une adresse IP fantôme à votre ordinateur qui va empêcher les sites visités d'enregistrer vos véritables coordonnées.

- *Changer de moteur de recherche et de messagerie instantanée*

Il existe de nombreuses alternatives : DuckDuckGo ; Qwant ; Tor[1] ; Firefox ou Brave qui intègrent des mécanismes de défense contre plusieurs techniques de traçage.

À la place d'utiliser WhatsApp, appartenant à Méta, vous pouvez utiliser d'autres messageries instantanées comme Signal.

- *Créer des faux profils*

Vous pouvez soit utiliser l'extension Fake Filler au navigateur Google Chrome qui va générer des données aléatoirement pour vous connecter à des sites, ou vous constituer un faux avatar lorsque vous souhaitez vous connecter à des sites sans importance qui vous demande vos informations personnelles. Vous pouvez également changer votre patronyme sur les réseaux sociaux pour réduire la visibilité.

- *Masquez votre localisation*

Que ce soit sur votre ordinateur ou votre téléphone, vous devez toujours refuser la géolocalisation pour éviter un traçage encore plus précis.

- *Faites valoir vos droits auprès de la CNIL*

Le RGPD a introduit différents droits que les individus peuvent librement exercer : droit d'information, de rectification, de suppression, d'opposition, droit au déréférencement[2].

---

[1] « Le Projet Tor | Confidentialité et liberté sur Internet ». *Le Projet Tor*, 2021, www.torproject.org/fr.

[2] Voir le site de la CNIL pour plus d'informations : https://www.cnil.fr/fr/mes-demarches/les-droits-pour-maitriser-vos-donnees-personnelles

Si une entreprise refuse de donner suite à votre demande de suppression de vos données personnelles, la CNIL propose un formulaire de dépôt de plainte en ligne[1].

- *Ne pas mémoriser vos cartes bancaires en ligne*

Pour vous faciliter l'accès au service, de plus en plus de sites vous proposent de mémoriser vos numéros de carte bleue. Cependant, cela laisse une trop grande possibilité à des cyberattaques.

Le mieux est d'ailleurs de recourir à une e-carte bleue pour plus de sécurité (comme Summeria, anciemment Lydia).

- *Ne pas s'enregistrer en ligne via vos comptes Google ou Facebook*

Ne vous inscrivez pas sur une plateforme avec vos comptes Google ou Facebook car cela leur permet de récupérer davantage de données sur vous et seront informés de vos moindres actions sur la plate-forme en question.

- *Utiliser un gestionnaire de mots de passe*

Exemple : Keepass.

- *Utiliser un antivirus*

Exemple : Avast ; Norton.

- *Éviter d'utiliser les réseaux Wi-Fi publics*

Le meilleur moyen de se faire pirater ses données.

- *Utiliser un cache-webcam*

Si Marc Zuckerberg le fait, pourquoi pas vous ?

- *Utiliser le dispositif Bloctel pour refuser d'être démarché*

Le dispositif Bloctel de la DGCCRF permet d'inscrire son numéro de téléphone afin de ne plus être démarché par un professionnel avec lequel vous n'avez pas de relation contractuelle : https://www.bloctel.gouv.fr/

[1] https://www.cnil.fr/fr/adresser-une-plainte

- *Installer le logiciel Disconnect*[1]

Permet de voir en temps réel qui nous surveille et de bloquer les cookies des réseaux sociaux.

- *Reprendre le contrôle de vos données*

Le site web Permission Slip By CR permet de savoir quelle entreprise à quelle donnée sur vous.

- *Réagir en cas de piratage*

Le site Have I Been Pwned[2] permet de vous indiquer à partir de votre adresse électronique ou de votre numéro de téléphone quels éléments ont fait l'objet de fuites.

- *N'utiliser que les sites HTTPS lors des transactions financières*

Pour une meilleure sécurité.

- *Prendre le temps de revoir les paramètres de confidentialité de ses réseaux sociaux*

Cela vous permettra également d'avoir une meilleure compréhension et de vous rendre compte des paramètres qui sont automatiques activés.

- *Distinguer utilisation personnelle et professionnelle*

N'utilisez pas les mêmes applications selon vos téléphones personnels ou professionnels. Sinon vous multipliez les chances de vous connaître davantage et de vous pirater.

- *Être davantage plus méfiant.*

Exemple : Ne pas sauter sur l'offre à -90 %.

---

[1] « Télécharger Disconnect - 01net.com - Telecharger.com ». *01net*, 2021, www.01net.com/telecharger/windows/Internet/plugins/fiches/123580.html.
[2] https://haveibeenpwned.com/

POUR ALLER PLUS LOIN

Si vous souhaitez supprimer vos données sur les réseaux.

- *Le cas de Facebook*

Aller dans l'aide www.facebook.com/help et rechercher « supprimer mon activité ».

Pour savoir tout ce que Facebook sait de vous il faut aller sur https://www.facebook.com/ds/preferences/

- *Le cas de Google*

Aller sur le site https://myactivity.google.com/myactivity puis « Supprimer l'activité ».

Pour savoir tout ce que Google sait de vous il faut aller sur https://takeout.google.com

REMERCIEMENTS

Ce livre est le résultat d'un parcours loin d'être tracé.

Petite, quand on me demandait ce que je voulais devenir, je répondais avec assurance « chirurgienne pédiatrique, pour sauver des vies ». Si aujourd'hui je ne suis pas au bloc opératoire mais derrière un ordinateur, je poursuis toujours le même objectif qui est celui de sauver des vies.

Je tiens à remercier de brillants enseignants qui ont marqué mon parcours universitaire et cru en moi, Pierre-Dominique Cervetti, Célia Zolynski et Grégoire Loiseau.

Chloé Hermeline, pour toutes ses heures de relecture, de conseils et de soutien moral au long de cette belle aventure et pour les prochaines à venir.

Mes parents, mon frère, ma famille, qui depuis des années m'accompagnement sans failles dans mes divers projets.

À Sam, aux filles et à toutes les personnes merveilleuses qui croisent mon chemin.

Merci.

GLOSSAIRE

Ad words : Mots-clés.

Chatbot : Programme informatique qui simule une conversation humaine.

CNIL : Commission nationale de l'informatique et des libertés.

Cloud : Serveurs accessibles sur Internet, ainsi que les logiciels et bases de données qui fonctionnent sur ces serveurs.

Cookies : Petit fichier stocké par un serveur dans le terminal (ordinateur, téléphone, etc.) d'un utilisateur et associé à un domaine web.

Contract tracing : Traçage des contacts.

Dark Patterns : Techniques ou procédés internet manipulatoires qui vont biaiser vos choix et vous amener à commander des produits ou souscrire des services que vous n'avez pas pleinement choisis (voir site de la DGCCRF).

Data brokers : Courtiers en données.

Deadbot : Programme informatique qui simule une conversation avec un défunt.

Deepfake : Technique permettant de réaliser des hypertrucages.

GAFAM : Acronyme des cinq entreprises américaines les plus puissantes de l'économie numérique (Google ; Facebook ; Apple ; Microsoft ; Amazon).

Gatekeppers : Gardes-barrières de l'Internet.

Like : J'aime.

Large Language Models (LLM) : Modèles d'apprentissage automatique capables de comprendre et de générer des textes en langage humain.

Match : Lorsque deux personnes se donnent des Likes mutuellement.

News feed : Fil d'actualité sur une plateforme numérique.

Open Source : Code source conçu pour être accessible au public.

Poster : Action de publier un contenu sur une plateforme en ligne.

Prompt : Instruction ou une série de données fournies à un système d'IA, qui utilise ces informations pour générer des réponses.

Story : Vidéo de format très court ou image publiée par un internaute sur un réseau social et visible pendant une période limitée.

Snooze : Action permettant de retarder l'alarme de son téléphone afin qu'elle sonne à nouveau quelques minutes plus tard.

Replay : Action permettant de regarder à nouveau un contenu digital.

Scroller : Action de "dérouler" les pages internet en les faisant défiler avec la roulette de la souris.

Smart : Signifie intelligent en anglais.

Swipe : Action de déplacer son doigt sur la gauche ou la droite.

Tech-Free : Sans technologie.

Webscrapping : Technique qui permet d'extraire des données de site web.

TABLE DES MATIÈRES

Définition 11
Préface de Gilles Rouvier 13
Introduction 15

PARTIE 1 : L'OMNIPRÉSENCE DE LA DONNÉTISATION 21
1. Retour en arrière 23
L'impact de l'intelligence artificielle sur la vie privée 23
L'émergence des données personnelles 24
L'intime relation entre la vie privée et les données personnelles 26
Maintenant que vous avez les bases, passons au concret 28
2. État des lieux 29
Le capitalisme de surveillance 29
La donnée : nouvelle monnaie du 21e siècle 31
La surexposition de l'intimité 34
Une omniprésence consentie 36
3. Surveillance généralisée 39
L'avènement de l'ère de la traçabilité 39
Les agents conversationnels 41
Surveillance : nouvelle composante du couple 3.0 43
La surveillance des acteurs publics 45
L'utilisation de la reconnaissance faciale par les acteurs privés 49

PARTIE 2 : LA DONNÉTISATION : NOUVELLE BASE POUR LA MANIPULATION 53
1. L'exploitation des failles humaines 55
L'omniprésence 55
Le casse-tête des conditions générales d'utilisation 56
La maniabilité de l'Homme 60

2. L'influence au cœur du projet 63
Le ciblage 63
Les recommandations 64
L'addiction 65
3. L'orientation des intérêts 66
Une apparence invisible 66
Nos données comme base d'un conditionnement précis et politisé 67
Un renforcement par la Covid-19 70

PARTIE 3 : LE RÉVEIL DES CONSCIENCES 79
1. Un compte à rebours enclenché 81
La poursuite d'un avenir favorisant la donnétisation à la préservation de la vie privée 81
La volonté d'un humain augmenté 83
L'émergence d'une pseudo-conscience éthique comme pommade à la manipulation 85
2. Les risques sous-jacents 87
Le manque de sécurité 87
Faites ce que je dis, pas ce que je fais 89
Appel à la régulation 89
3. Reprendre le contrôle c'est comprendre 93
Comprendre pour maîtriser 93
Liberté, Égalité, Vie privée 94

Conclusion 97
Annexe – Conseils pour protéger sa vie privée sur Interner 99
Pour aller plus loin 103
Remerciements 105
Glossaire 107

Structures éditoriales du groupe L'Harmattan

L'Harmattan Italie
Via degli Artisti, 15
10124 Torino
harmattan.italia@gmail.com

L'Harmattan Hongrie
Kossuth l. u. 14-16.
1053 Budapest
harmattan@harmattan.hu

L'Harmattan Sénégal
10 VDN en face Mermoz
BP 45034 Dakar-Fann
senharmattan@gmail.com

L'Harmattan Cameroun
TSINGA/FECAFOOT
BP 11486 Yaoundé
inkoukam@gmail.com

L'Harmattan Burkina Faso
Achille Somé – tengnule@hotmail.fr

L'Harmattan Guinée
Almamya, rue KA 028 OKB Agency
BP 3470 Conakry
harmattanguinee@yahoo.fr

L'Harmattan RDC
185, avenue Nyangwe
Commune de Lingwala – Kinshasa
matangilamusadila@yahoo.fr

L'Harmattan Congo
219, avenue Nelson Mandela
BP 2874 Brazzaville
harmattan.congo@yahoo.fr

L'Harmattan Mali
ACI 2000 - Immeuble Mgr Jean Marie Cisse
Bureau 10
BP 145 Bamako-Mali
mali@harmattan.fr

L'Harmattan Togo
Djidjole – Lomé
Maison Amela
face EPP BATOME
ddamela@aol.com

L'Harmattan Côte d'Ivoire
Résidence Karl – Cité des Arts
Abidjan-Cocody
03 BP 1588 Abidjan
espace_harmattan.ci@hotmail.fr

Nos librairies en France

Librairie internationale
16, rue des Écoles
75005 Paris
librairie.internationale@harmattan.fr
01 40 46 79 11
www.librairieharmattan.com

Librairie des savoirs
21, rue des Écoles
75005 Paris
librairie.sh@harmattan.fr
01 46 34 13 71
www.librairieharmattansh.com

Librairie Le Lucernaire
53, rue Notre-Dame-des-Champs
75006 Paris
librairie@lucernaire.fr
01 42 22 67 13

www.ingramcontent.com/pod-product-compliance
Lightning Source LLC
LaVergne TN
LVHW051406061026
849535LV00009B/3389